DU SALUT DE LA FRANCE.

Se trouve,

Chez DESAUGES, libraire, au coin de la rue Saint-Benoît, rue Jacob;

Chez DELAUNAY et PELICIER, libraires, au Palais-Royal;

Et chez tous les marchands de Nouveautés.

DU SALUT DE LA FRANCE,

PAR UN ANCIEN OFFICIER DE LA MAISON DU ROI.

A PARIS,

DE L'IMPRIMERIE DE C.-F. PATRIS,

RUE DE LA COLOMBE, N° 4.

7 Novembre 1815.

DU SALUT

DE LA FRANCE.

Le salut de la France dépend des principes que la Chambre va adopter : avant un mois, nous saurons si la France renaîtra de ses cendres, ou si elle doit périr au milieu des convulsions de l'anarchie.

L'esprit de révolte qui a fait périr tant de millions d'individus, porte encore l'inquiétude et l'effroi dans le cœur de la grande majorité des Français ; l'espérance que donne la connaissance des principes de la grande majorité des pairs et des députés en tempère l'effet, et l'on a raison. Ils connaissent la profondeur de la plaie ; l'expérience les aidera à se préserver des erreurs des assemblées précédentes ; ils ont en horreur ces théories extravagantes, nées de l'orgueil et du virus de l'incrédulité; et l'esprit révolutionnaire perdra la moitié de son activité le jour même où, d'un commun accord, les Chambres auront annoncé qu'elles veulent prendre pour base de leurs travaux, ces principes éternels, dictés par Dieu même pour diriger la faible raison dans la marche à suivre pour gouverner les empires. N'est-ce pas, en effet, l'abandon de ce principe régénérateur de toutes les vertus sociales, cet abandon de la vraie doctrine, qui a soulevé les peuples contre les souverains, les enfants contre leurs pères, et les fidèles contre leur Dieu? Hélas! leurs prédécesseurs ont parcouru trop long-temps le cercle de toutes les erreurs. En s'obstinant à rejeter tout ce qui était principe reconnu depuis le commencement du monde, ces prétendus législateurs ont mis leur gloire dans le mépris de tout principe fondé sur la loi de Dieu, et les victimes mêmes de ce dernier degré de la frénésie humaine, avaient applaudi aux systèmes les plus impies. Malheureusement une erreur si funeste n'est pas encore reconnue; mais les maux innombrables qu'elle a produits ont pesé sur toutes les classes, et ces maux auraient dû ramener le grand nombre dans le sentier de la vérité. Dans ces temps de calamité, la plainte se faisait entendre fréquemment, lorsque le vil intérêt était compromis; la spoliation des véritables propriétaires au profit des plus grands scélérats, l'humiliation d'être gouverné par les administrateurs les plus déhontés, n'avaient pas suffi pour éclairer cette masse d'individus, qui ne rejetaient d'un système monstrueux que les conséquences qui pouvaient les atteindre; il a fallu vingt-cinq ans de calamités pour reconnaître la source de tant de maux. Ah! disons le hautement pour l'instruction de tous: tel est l'aveuglement de ceux qui ne reconnaissent pas la nécessité de baser toutes les lois sur la religion; la raison ne sert à l'homme qu'autant que la religion lui prête sa lumière; il faut donc reconnaître publiquement la nécessité d'être religieux, ou renoncer au bon sens dont Dieu a doué la créature en lui donnant l'existence: c'est sur cette base que nos commettants doivent établir notre régénération.

Le règne long et brillant de la république romaine était, dit Bossuet, la récompense humaine de la fidélité des Romains à honorer leurs faux dieux et à leur rapporter leurs succès. Ils croyaient que les hommes ne pouvaient rien sans la protection immédiate de la Divinité, et la postérité se refusera à croire qu'un peuple chrétien, un peuple catholique, ait rejeté, pendant vingt-cinq ans, une vérité reconnue par les sages du paganisme, honorés des éloges de nos plus fameux incrédules. Il faut laver cette tache qui a obscurci la gloire que s'était acquise le peuple français pendant une longue suite de siècles, et c'est ce que nous attendons de nos représentants ; ils doivent asseoir l'édifice social sur des bases indestructibles.

Fixons leur attention sur quelques points essentiels, et attachons-nous simplement à faire connaître la vérité ; jamais nous n'eûmes autant besoin de reporter notre attention sur la situation présente de la France, sur la marche à suivre pour nous préserver des dangers qui nous menacent, et pour assurer à nos arrière-petits neveux, le bonheur que nous ne connaissons plus depuis long-temps.

La malheureuse catastrophe du vingt mars dernier est la conséquence naturelle de l'impunité et surtout du funeste système des amalgames, qui est aussi contraire à la justice qu'à la raison. Les écrits de M. de Saint-Victor, et de M. Fiévé ont jeté un grand jour sur cette vérité. Ce dernier, dans son excellente correspondance politique et administrative, a démontré avec la plus grande clarté l'importance du choix des gens honnêtes dans les administrations. En remettant sous les yeux de mes lecteurs les maximes d'une véritable et bonne politique qu'ils ont énoncées; l'expérience de M. Fiévé dans l'administration d'une grande préfecture leur donne une nouvelle sanction et amène des développements dans lesquels on reconnaît l'homme d'Etat. Cette expérience semble tracer la route à suivre dans un moment où la moindre rechute amènerait la mort du malade. Cet objet m'a conduit naturellement à des réflexions sur les conjurations, sur la force exagérée des révolutionnaires et sur leur caractère. J'ai cru devoir y insérer un léger aperçu sur l'état moral de la France, les préventions sur cet objet étant de nature à inspirer un grand découragement aux administrateurs.

Je crois devoir commencer par le chapitre des conjurations, parce que les développements qu'il amène rendront plus sensible la nécessité de placer promptement des hommes probes dans toutes les branches de l'administration.

DES CONJURATIONS.

On n'a pas tout dit sur les conjurations : c'est un chapitre inépuisable, mais il est d'autant plus essentiel à traiter, que depuis vingt-cinq ans nous en sommes les victimes ; et je crois pouvoir dire avec fondement que le règne de l'usurpateur n'a été aussi long, que parce qu'il avait pour appui, les conjurés de tous les pays; c'était une coalition parfaitement organisée contre l'autel et le trône : on vantait le grand homme qui la servait de tout son pouvoir. Les souverains ont senti le danger de cette conjuration universelle, mais ils n'ont pas encore coupé, jusque dans ses racines, ce chancre destructeur : ils reconnaîtront enfin toute la justesse de l'axiôme cité par M. de St-Victor.

« *Le caractère particulier* de la révolution » est l'athéisme ; le premier insensé qui a dit, » il n'y a point de Dieu, fut le premier ré» volutionnaire.

» Les révolutionnaires, dit-il dans un autre » endroit, ont tout attaqué, parce que tout est » fondé dans l'ordre social sur l'idée de Dieu. » Ils empoisonnèrent tout, en exaltant les » passions que la religion seule peut ré» primer ».

Toutes les révolutions se sont faites par le moyen des conjurations; mais lorsqu'elles se renouvèlent sans cesse, c'est le symptôme le plus certain d'un gouvernement faible et vicieux, au moins dans la composition de ses agents; cette vérité n'a pas besoin de développement; mais ce qu'il est utile de bien exposer, c'est la raison principale qui a perpétué les conjurations et qui les entretient; c'est de montrer en même temps qu'on s'est formé une idée très-fausse du caractère et de la force des conjurés.

La première vérité à bien établir, c'est que *l'impunité est la cause réelle du retour de Buonaparte en France.* L'enfer avait conjuré contre le ciel et la terre; les complices de Buonaparte, les artisans de toutes les révolutions, avaient été conservés, et l'on se vantait d'un calme apparent, funeste précurseur de la plus terrible catastrophe. L'espérance de ramener les coupables, fit adopter le systême le plus dangereux, et la bonté du Roi lui fit croire à l'effet du pardon. Jamais l'ingratitude n'a offert un spectacle aussi hideux, et l'on a dit avec raison que cette dernière épreuve avait été la manifestation des consciences. La France entière est retombée dans le chaos ; la dette nationale s'est accrue d'une manière effrayante ; les bons Français se retrouvèrent sous le joug des scélérats révolutionnaires ; l'armée entraînée par ses chefs et par une grande partie de ses officiers, perdit la gloire qui appartient à une valeur brillante ; l'esprit de 93, qu'on croyait éteint, mit en mouvement une multitude de factieux que les déchirements de leur patrie n'ont pu corriger, et le 20 mars la terreur plana sur la France entière : tels ont été les terribles effets de l'impunité ; l'impunité a donné naissance à la dernière conjuration qu'on vient de découvrir, elle en fera germer de nouvelles, si le gouvernement ne fait pas justice des coupables. Dans la France entière, depuis le retour du Roi, on a laissé le libre essor aux conspirateurs ; quelques arrestations faites parmi les agents subalternes, étaient d'autant moins propres à en imposer aux chefs des factieux, que la punition se bornait à quelques jours ou à quelques mois de prison. La légèreté de la punition infligée aux scélérats qui cherchent à avilir la majesté royale n'est pas propre à les corriger. Ils attribuent la conduite du gouvernement à la faiblesse, et plus encore à la crainte qu'ils inspirent; et comme la peine n'est pas proportionnée à la nature du délit, le coupable calcule d'avance le faible risque qu'il court dans sa criminelle tentative. Ce système d'indulgence philosophique qui a séduit tous les bons princes, a été profondément combiné par les auteurs de toutes les conjurations; il porte avec lui un caractère d'inhumanité et de corruption; car c'est cette indulgence pour le crime qui corrompt l'humanité entière. L'institution des juris, quoiqu'un peu améliorée, a sauvé de grands coupables; et l'indulgence exercée envers eux a peut-être développé les vices d'un million de criminels qui n'eussent jamais osé l'être.

On citait dernièrement l'exemple d'un criminel condamné trois jours de suite à mort pour trois crimes différents.

Et ne dois-je pas appeler les regards du Roi, l'attention des Chambres, du ministère, sur l'infâme composition des tribunaux? Ce n'est pas seulement sur la tête des juges prévaricateurs que j'appèle leur attention, mais sur des juges conspirateurs, et j'entends des milliers de voix s'unir à la mienne ; quel espoir reste-t-il à la restauration de la France, si les organes de la justice conspirent contre ses enfants? Un cri général se fait entendre ; il arrivera jusqu'à celui que le Roi a honoré de sa confiance en le plaçant à la tête de l'administration de la justice ; il retentira dans le sein de l'assemblée, et il produira son effet.

Depuis long-temps les chances sont toutes à l'avantage des criminels et les rendent bien plus audacieux. Le père de famille qui sait que l'existence de tout ce qui l'entoure dépend de sa place, tremble en prononçant sur le sort du criminel qui le menace, parce qu'il a lieu de présumer que le jugement sera favorable au coupable ; mais ne doit-on pas frémir, lorsque les complices des coupables sont dans les rangs des juges ou dans celui des jurés ? N'avons-nous pas vu bien souvent, depuis vingt-cinq ans, les jurés absoudre les plus grands coupables(1)? j'en appèle

(1) L'influence de la conduite des juges corrompus

aux magistrats, aux administrateurs, à toutes les classes effrayées en voyant rentrer dans le sein de la société des monstres faits pour y porter le trouble et l'effroi ; ce scandale est d'autant plus grand, qu'il semble fournir une preuve sensible de la perversité d'une nation entière lorsqu'il se renouvèle fréquemment.

Il est bon d'observer que le préfet ou son substitut a le droit de présenter la liste d'un jury. S'ils sont ennemis du gouvernement, les choix sont mauvais ; et sur 60 jurés le procureur-général ne peut en exclure que vingt-quatre. La punition ou l'absolution des coupables peut donc être confiée à leurs complices, et l'exemple en est récent. Il existe même un département où le jury vient d'être formé en

---

et de leur association à des magistrats intègres a des conséquences si graves, que les derniers, pénétrés de leurs devoirs, étaient réduits à gémir en silence sur les résultats de la corruption, sur le mépris affiché de tout principe religieux, et n'osaient montrer à leurs propres enfants le sentiment d'horreur dont ils étaient pénétrés pour le gouvernement de l'usurpateur, et pour l'iniquité des lois dont ils étaient forcés de faire l'application.

partie de misérables fédérés. Ne devrait-on pas exclure à jamais ces conspirateurs audacieux qui ont ouvertement formé une association pour le maintien de l'usurpateur et pour exclure le Roi légitime?

La suspension du glaive de la loi, dans plusieurs départements, a porté l'audace des conspirateurs au dernier degré d'insolence; elle entretient l'agitation dans les villes et dans les campagnes; mais peut-on donner le nom d'audace à l'insolence de vils scélérats protégés par les administrateurs et associés à une partie de la force armée? Il semblerait qu'on peut caractériser du nom de démence la hardiesse de se vanter d'avance de leurs plans, et même de préciser le jour de l'exécution; mais ne pourrait-on pas donner le même nom à l'insouciance, au mépris de leurs menaces et à l'incurie dans les mesures que l'on aurait dû prendre? La confiance de s'être couché, pendant trois mois, sur un terrein miné, dont l'explosion pouvait avoir lieu chaque jour, ne pourra jamais s'expliquer. La faiblesse, ou même le retard des mesures à prendre de la part du gouvernement dans des temps orageux, doit nécessairement entraîner sa perte : le succès des complots dépend toujours d'un défaut de surveillance. Lorsqu'un homme dangereux est signalé, lorsque des faits particuliers l'ont fait connaître, si le gouvernement ne prend pas les mesures nécessaires pour le faire arrêter, au moins pour le faire transporter dans une contrée éloignée de celle qu'il agite, il est coupable; si le danger ou la crainte de la responsabilité est un mot magique qui sert les conjurés en paralysant l'emploi des moyens que la constitution donne aux ministres, le régne d'un tel gouvernement doit-être bien éphémère : malheur aux administrés destinés à devenir ses victimes.

Il ne suffit pas de paralyser les méchants et de les comprimer, surtout en fait de conjurations; l'arrestation, l'information et le jugement des conjurés ne sauraient être trop prompts, parce que la tranquillité publique en dépend : le retard dans le jugement et la modification de la peine méritée, sans cause raisonnable, produisent toujours l'effet le plus fâcheux; la modification de la peine prononcée est presque toujours la suite naturelle du travail souterrain des associés secrets de la conjuration!

La connaissance de la punition des principaux coupables portés sur deux listes par ordre du Roi, avait rendu l'espérance à la saine partie de la France; on était convaincu que la justice allait reprendre ses droits et atteindrait les coupables; la tête d'un seul tombe, et Dieu donne à ses respectables parents la seule consolation réservée à la vertu. Mais une grande partie des complices semble devoir échapper à la vindicte publique, et le cri de l'indignation a retenti dans toutes les contrées de ce vaste empire. Cette erreur, impardonnable dans le grand art de conduire les peuples, est tout à la fois une infraction très-grave à la justice, et a donné un nouveau degré d'électricité à la fermentation qui régne et qu'on n'a pas cherché à arrêter.

Le pardon accordé à de grands conspirateurs n'est pas propre à tarir la source des conspirations; la mitigation de la peine est un grand scandale; la négligence même dans le choix des lieux où les prévenus de crime sont envoyés en surveillance en attendant le prononcé sur le lieu de leur exil, est une faute grave. Concevra-t-on que le ministre de la police ait choisi la ville de Nancy pour y mettre en surveillance un Boulay de la Meurthe qui y a trouvé des amis et des répondants? et à quelle époque?

au moment des élections : assûrément l'intention n'était pas de calmer les esprits.

Le nommé Durbach porté également sur la même liste fut envoyé en surveillance à Metz, concourut aux élections, et obtint des voix.

C'est une question de savoir s'il pouvait y concourir. Dans tout gouvernement conduit par les règles de la justice, la loi doit spécifier les cas particuliers qui suspendent l'exercice des droits politiques ; mais ce qui n'en est pas une, c'est que l'admission du sieur Durbach au collége électoral était la marque certaine d'un profond mépris pour la composition de la chambre des députés ; et ceux qui lui ont donné leurs suffrages, semblent n'être pas étrangers à la dernière conspiration.

Un scandale presque aussi grand a été donné au collége électoral à Nancy ; mais l'auteur, connu comme factieux, n'avait pas été mis en jugement.

Dieu nous a rendu le Roi pour mettre un terme à cette longue tempête révolutionnaire, et le roi s'est fait victime pour en faire oublier les malheurs. Le peuple, le dirai-je (dans toutes les classes on est peuple), voudrait des miracles. On voudrait que les parties de terre déplacées par l'éruption d'un volcan, pussent le lendemain offrir le coup-d'œil d'un champ soigneusement cultivé ! Le Roi n'a pas la puissance du Créateur ; il ne peut pas dire *fiat lux* ; il est réduit à employer de faibles créatures ; il peut être trompé dans le choix de ses ministres comme dans les rapports qu'on lui fait ; et la masse des hommes irréfléchis ose mêler le nom sacré du Roi avec celui des ministres prévaricateurs, parce que tout se fait en son nom. On ne peut cependant ignorer que le sujet constant des méditations de celui que le ciel nous a rendu dans sa bonté est le bonheur de son peuple.

On sait que les sacrifices personnels ne lui coûtent rien, et il vient d'en donner encore une preuve touchante. Cet exemple doit électriser tous les Français ; le Roi est mille fois plus à plaindre que le dernier sujet de son empire ; il a sous les yeux le tableau de tant de milliers de malheureux ! et il a la douleur de ne pouvoir en soulager qu'un très-petit nombre.

Un sentiment bien pardonnable m'a éloigné de l'objet des conjurations, et je ne dois pas me lasser de répéter que la déviation des principes qui doivent diriger toutes les assemblées législatives, a été la cause première de toutes les conspirations ; car elles sont presque impossibles dans un État bien constitué qui est appuyé sur la morale puisée dans les principes de la religion. La marche du ministère dernier explique parfaitement la possibilité de la dernière conjuration, et la France entière disait hautement que la protection du gouvernement semblait n'être accordée qu'à la classe des révolutionnaires. Je n'accuse pas le dernier ministère d'association avec les factieux, mais il est bien démontré qu'il a été plus ou moins influencé par les entours de ces conspirateurs infernaux qui creusaient un nouvel abîme aux pieds de celui auquel ils n'ont à reprocher que l'excès de la bonté.

M. de Saint-Victor a traité la partie de cette conjuration avec un vrai talent ; il l'avait annoncée ; il en a tracé la marche, il en a bien connu tous les ressorts, et cependant l'authenticité de son existence est encore un problême pour beaucoup de départements. Je conçois parfaitement qu'on ne veuille pas encore en nommer les chefs, mais il serait avantageux de faire connaître à la France entière, qu'on en connaît toutes les ramifications, qu'on a fait arrêter une partie des coupables, qu'on poursuit leurs complices avec une grande activité et qu'ils seront livrés aux tribunaux : le silence dans une affaire aussi majeure laisse l'imagination livrée au vague, entretient l'inquiétude des sujets fidèles, fortifie l'espoir des factieux qui alimentent, dans le moment où j'écris, la fermentation dans beaucoup de départements ; il en résulte un défaut de confiance absolue dans la stabilité du gouvernement. L'ordonnance rendue sur la suppression d'une partie des gardes-du-corps du Roi et de ceux de Monsieur, celle qui force à la retraite tous les individus en raison de leur grade qui ont atteint cinquante et cinquante-cinq ans, paraissent se rattacher à la conspiration : le public a regardé cette opération comme l'effet d'une combinaison tendante à isoler le Roi de ses plus fidèles sujets : la sagesse et le bien du service auraient pu déterminer à donner une retraite aux militaires trop âgés ou trop cassés pour faire un service actif, mais y forcer des hommes encore forts et vigoureux, mûris par l'expérience, connus par un dévouement sans bornes, dont tout le bonheur consistait à consacrer leur vie au Roi, c'est une injustice révoltante dont l'histoire perpétuera le souvenir. Qui pouvait inspirer à la jeunesse cet amour pour la légitimité, à laquelle est attaché le repos de la France? Qui pouvait lui inculquer ces sentiments d'honneur et de délicatesse qui ont illustré la nation française, si ce n'est ces descendants de nos anciens preux qui ont servi sous trois Rois, et qui ont vécu dans des temps où consacrer sa vie et sa fortune au bien de l'État était rangé au nombre les devoirs? Combien n'en est-il pas parmi ces fidèles serviteurs de la monarchie, qui peuvent faire preuve d'une filiation de dévouements à la maison de Bourbon, depuis plusieurs siècles; et combien n'en est-il pas encore parmi eux, qui ont sacrifié les débris de leur fortune pour aider le Roi à remonter sur son trône, qui ont même contracté des dettes et exposé avec joie leur existence pour une si sainte cause (1)!

---

(1) Des raisons majeures auront sans doute déterminé les ministres actuels à ne pas revenir sur cette mesure, et nous devons respecter même les motifs que nous ne connaissons pas : c'est le devoir d'nn fidèle sujet. Le

Et dans quel instant a-t-on engagé le Roi à consentir à cette réforme ? Lorsque le trône n'est pas encore entièrement assis sur sa base antique, lorsque l'injustice faite à d'anciens serviteurs doit jeter l'effroi dans l'âme de tous ceux qui sont restés fidèles au Roi. La réforme des gardes de Monsieur, frère du Roi, a causé une vraie douleur à tous les bons Français, et l'on a eu l'impudeur de mettre en avant l'étonnement des souverains étrangers de voir Monsieur entouré de ses propres gardes : et cette distinction, accordée depuis Louis XIV au prince du sang, n'appartenait-elle pas aussi, à plus d'un titre, à celui qui sut braver des dangers bien plus grands que ceux d'une bataille (1)

Roi a ordonné que tous les membres des corps réformés fussent placés.

(1) Lorsque Monsieur vint s'établir à Vezoul, il n'avait pour cortège qu'un petit nombre de fidèles chevaliers ; c'est avec cette escorte qu'il arriva à Nancy ; il n'ignorait pas que la multitude fortement soumise à l'action de la terreur entretenue depuis vingt-cinq ans, n'apercevait son arrivée qu'avec effroi ; les puissances traitaient encore à Châtillon, la force des troupes russes existant à Nancy était insuffisante pour s'opposer au projet qu'avait formé Buonaparte de faire à Nancy une incursion, et les dangers d'une retraite très-difficile

celui qui sut ramener à lui tous les cœurs pour les offrir au Roi son frère, dont il ne voulait être que le premier sujet? C'était avec raison que les conspirateurs ont toujours craint un prince qui réunit toutes les qualités qui inspirent l'amour, le respect et le dévouement. En lui enlevant ses gardes on lui a ôté des moyens de récompense, on a peut-être aussi calculé l'effet du mécontentement; non, rien de ce qui vient de se passer n'a été fait sans calcul; on a cherché à éloigner, à mécontenter les plus fidèles serviteurs de la maison de Bourbon, et ce travail est l'ouvrage des conjurés.

Les moyens d'alimenter et de perpétuer les conjurations, ne sont pas même paralysés, et leurs ramifications sont innombrables. Préfectures, sous-préfectures, administration des douanes, de l'enregistrement, des forêts, des postes, particulièrement les municipalités des villes et des campagnes; toutes les parties du gouvernement, sans oublier celle de l'instruc-

furent à craindre pendant quelques jours. Il m'en coûte de passer sous silence l'hommage à rendre au ministre d'une grande puissance, qui donna à cette époque de grands preuves de son attachement à la cause sainte de la maison de Bourbon.

tion publique, des écoles, des lycées, etc., sont infectés de cette horde révolutionnaire, ennemie jurée du trône et de tout ce qui est honnête. A leur tête il faut placer un certain nombre d'apostats mariés, écumants de rage contre le Dieu puissant qu'ils ont renié; viènent ensuite les chefs des jacobins et leurs affiliés, conspirant sans cesse contre toute autorité, secte impie, forte de son association secrète, dont le gouvernement royal n'a pas encore connu le danger. La faction buonapartiste n'a plus ni appui ni espoir; mais la secte jacobine s'étend, et s'entend depuis Antibes jusqu'à Dunkerque; elle a ses assemblées réglées ainsi que sa correspondance, ses agents payés, ses courriers, son mot d'ordre; elle souffle et entretient l'esprit de révolte dans les villes et dans les campagnes, et s'occupe sans cesse des moyens de renverser l'autorité légitime; mais, le jour où le gouvernement aura pris la ferme résolution d'arrêter ses complots, et en aura fait punir les chefs, elle cessera d'être à craindre, et la paix renaîtra en France.

La cause première de l'esprit de révolte qui se manifeste dans plusieurs départements, provient de la faute, extrêmement grave, qu'a faite le dernier ministère en laissant en place dans les administrations, ainsi que dans les tribunaux, cette foule immense de révolutionnaires qui s'y sont perpétués à force de crimes et de bassesses ; ils ont toujours servi d'agents à toutes les factions qui se sont succédé ; ils ont été constamment méprisés des chefs qui les employaient, et Buonaparte s'est empressé de les placer et de les attacher à sa cause (1). Ils sont et seront à jamais les ennemis de la maison de Bourbon ; ils le sont de tout gouvernement légitime. La haine de la vertu et de l'ordre est leur élément ; il n'y a point de pacte à faire avec eux, parce que la gangrène d'une profonde corruption a atteint leur cœur. La vertu placée sur le trône les irrite, et celles qui distinguent tous les princes de cette auguste maison ajoutent naturellement à cette irritation ; enfin la succession de bonheur réservée aux Français fait leur désespoir.

Je pourrais ajouter encore maintes réflexions sur les causes et les effets des conspirations, mais celles que je viens de faire suffisent à la

---

(1) Un des principaux moyens dont s'est servi Buonaparte a été l'attention constante à recompenser ceux qui lui avaient rendu de *véritables* services.

méditation de ceux qui se dévouent au travail à faire pour le bonheur de la France : je dois à présent parler du caractère et de la force attribués aux conjurés ; on a sur cet objet des idées bien fausses.

Le grand art des conspirateurs consiste à persuader qu'ils ont un très-grand nombre de complices, et qu'ils disposent à leur gré de la multitude ; la sottise des gouvernants et des gouvernés est de le croire et de le répéter. Les conjurés n'ont véritablement à leurs ordres que la lie du peuple, qu'ils mettent en mouvement avec une légère distribution d'argent. Dans les insurrections ordinaires, on n'aperçoit que trente ou quarante individus de la plus basse classe, qui parcourent tous les quartiers d'une ville ; et la foule du peuple, que le moindre mouvement rassemble, n'y prend aucune part, mais en impose aux gens peu accoutumés à observer.

La force des conjurés consiste dans cette association secrète, dont je viens de parler, qui imprime le même mouvement partout et à la même heure, et c'est ce qui la fait paraître aussi puissante. L'art des conjurés consiste à répandre les nouvelles les plus alarmantes, et elles produisent dans la masse des habitants des villes et des campagnes une fermentation sourde qui fait le tourment des habitants paisibles. Cette tactique révolutionnaire employée avec succès depuis un grand nombre d'années, fait préjuger à tort la disposition du peuple à la révolte : l'idée de la possibilité d'une crise quelconque fait croire avec trop de facilité à celle d'un changement de gouvernement : cette agitation factice éveille en même temps la cupidité de la dernière classe du peuple ; les factieux lui donnent toujours l'espoir de livrer au pillage les maisons des gens riches. Une police active, des arrestations promptes, suivies de la punition, préviendraient facilement cette source de tourments, et rétabliraient le calme dont nous avons tant de besoin ; mais lorsque la police est composée en partie de jacobins, lorsque les administrateurs sont leurs affiliés, et même lorsqu'ils sont faibles, quand surtout la force armée est mal composée, l'inquiétude plane continuellement sur la tête des administrés.

J'ai observé avec une grande attention depuis douze ans l'esprit et le caractère des révolutionnaires. Les meneurs en général sont lâches et cruels ; leurs propos sont horribles ;

leur haine pour les prêtres, les nobles et tout ce qui est honnête, se manifeste dans toutes les circonstances; le plus grand des maux qu'ils produisent, c'est d'entretenir dans le peuple le mépris pour la religion, le Roi et toute espèce d'autorité; et sous ce rapport l'indulgence du gouvernement pour cette race perverse serait tout à la fois impolitique et coupable.

Indépendamment du danger d'entretenir le peuple dans la pente à la révolte, il en est un autre, c'est d'étendre l'immoralité à un degré effrayant en ne punissant pas ces précepteurs d'athéisme et de sédition; les ménagements que le gouvernement a eus jusqu'à présent pour des factieux, n'a pas permis aux habitants de beaucoup de départements de se livrer au bonheur du retour du Roi. Il en est un qui semble particulièrement voué au malheur, ayant eu quatorze préfets ou chefs de préfecture dans l'espace de deux ans.

Admettre, comme principe, la nécessité des ménagements, c'est se méprendre dans le choix des mesures à employer contre les factieux. Ce qui se passe depuis la rentrée du Roi, prouve qu'on lui a exagéré la force de la faction jacobine et le danger de l'irriter.

L'impunité et une protection secrète ont entretenu jusqu'à ce jour l'impudence de trois ou quatre factieux principaux dans une ville de vingt-cinq mille âmes, et perpétué le trouble et l'agitation qui y durent encore ; leurs agents secondaires se composent d'une vile troupe de cinquante ou soixante personnes connues par leurs friponneries et par la plus infâme conduite. Lorsque le Gouvernement annonce simplement l'intention de punir, ils rentrent dans leurs repaires, s'assemblent en silence avec l'attention de changer souvent le lieu de leurs rassemblements, et ils ne reparaissent, au bout d'un certain temps, que lorsque l'exécution ne répond pas à la menace. Si immédiatement après le retour du Roi, son Gouvernement eût puni les grands coupables ; si l'ordre d'informer promptement dans tous les départements et de faire juger, par une cour spéciale, tout ce qui avait pris une part active dans la conjuration, eût été donné, la France serait rentrée dans le calme le plus parfait, dans l'espace d'un mois ; l'espoir des révolutionnaires est dans le mécontentement des parjures de l'armée ; ils se flattent d'autant plus d'opérer un soulèvement, qu'ils n'ignorent pas la manière imparfaite dont s'est fait le désarmement dans divers départements. La plus grande partie des maires placés par le Roi en 1814, et remis par la dernière Ordonnance, est détestable. En les remplaçant promptement, et en rendant non-seulement le maire, mais le conseil de chaque commune responsables du désarmement, il peut s'effectuer en très-peu de temps ; mais il ne peut s'opérer efficacement qu'après une forte épuration de la gendarmerie.

Avant d'achever le chapitre des conjurations, je ne puis me défendre d'arrêter l'attention de mes lecteurs sur les débris de ces armées, entraînées dans la plus honteuse défection, par l'exemple et la perfidie de leurs chefs et d'un grand nombre de leurs officiers. La feinte soumission de ceux-ci n'a été qu'une ruse infernale, pour mieux ourdir le complot épouvantable d'une nouvelle conjuration contre leur patrie et contre le meilleur des Rois. Je demanderai à ces malheureux conspirateurs s'ils ont un père, une mère, des frères et surtout des enfants ; je m'adresserai encore plus particulièrement à ceux qui sont pères ; les sentiments de la nature ne doivent pas être éteints en eux, et cependant ils paraissent n'apercevoir de bonheur que dans le bouleversement absolu de la France qui les a vus naître ; je leur demanderai de se rendre compte de cet orgueil effréné, qui les empêche de reconnaître la gravité de leurs torts et qui semble leur faire désirer de voir leur patrie déchirée par tous les fléaux d'une guerre intestine, pour étouffer les remords qui les tourmentent. Eh ! n'aurais-je pas le droit de faire la même demande à tous ceux qui ont trempé dans cette nouvelle conspiration ? Mais si un pardon sans exemple dans les annales du monde entier, ne les ramène pas au repentir, les moyens confiés à un ministre habile, qui a su réunir les suffrages de son Roi et des Français, seront employés à faire des exemples qni effrayeront la postérité. La conduite qu'ils tiendront dans leurs départements, éclairera l'opinion publique et fera distinguer ceux qu'un malheureux égarement a entraînés, et, dans quelques années, ils pourront reprendre leur place dans l'ordre social (1).

(1) La vérité m'engage à observer qu'il existe des individus qu'un faux sentiment d'honneur a déterminés à combattre dans les rangs des bataillons et des escadrons qui ont assisté à la bataille de Waterloo ; ils étaient restés attachés à leurs corps, dans l'espé-

L'ordonnance qui soumet à l'examen tous ceux qui ont combattu contre le Roi, ne doit pas déplaire à ceux qui ont conservé quelque notion de justice. Cet examen de leur conduite est la preuve qu'on désire sauver ceux qui n'ont été qu'égarés; et l'homme qui a besoin d'indulgence ou de pardon, n'ignore pas qu'il doit donner des gages de repentir. Une multitude a été emportée par la fausse idée de combattre pour son pays contre les étrangers; mais qui peut justifier l'infidélité à son serment, et que deviendrait un corps composé d'individus qui voudraient raisonner au lieu d'obéir, et qui se croiraient le droit de décider les cas où l'obéissance au Roi est positive?

Je ne puis mieux terminer le chapitre des conjurations, qu'en essayant d'en peindre les funestes effets. Pour donner une idée du malheur qu'éprouvent les départements où l'agitation existe depuis long-temps, j'es-

---

rance de pouvoir joindre l'étendard royal. Toutes les tentatives qu'ils ont faites ont été sans succès, et il y aurait une grande injustice à ne pas sentir avec amertume tout le malheur de leur situation présente.

quisserai rapidement le tableau des faits que j'ai eus sous les yeux pendant plusieurs mois, depuis la rentrée du Roi en France. L'inquiétude s'est emparée de toutes les classes sans exception ; le souvenir des temps les plus orageux retraçant à la mémoire de chaque individu tous les faits de ces malheureuses époques, est l'aliment de toutes les conversations.. Dans la meilleure compagnie, au milieu d'une réunion d'individus rivalisants de zèle et d'amour pour le Roi, chaque jour fournit un nouveau contingent de faits relatifs sur la conduite des employés en sous-ordre attachés à la faction révolutionnaire; leur audace et celle de leurs affiliés effraye l'imagination. Je ne me permettrai pas de raconter les propos des factieux, de faire connaître les détails relatifs à leurs rassemblements, et de préciser l'objet de leur espoir ; mais je dois dire que la perpétuité du règne des employés jacobins excite un juste mécontentement, et laisse à peine ouverture à l'espoir d'un meilleur avenir. La réunion des individus les plus estimables, qui devrait offrir aux hommes cette distraction douce qui donne les jouissances d'une communication amicale, ne fait qu'augmenter le ferment de l'inquiétude. Les vexations produites par l'injuste distribution des logements militaires, suite naturelle de la continuation des anciennes municipalités, composées en partie de révolutionnaires, alimentent l'irritation. Et comment peindre le désespoir de la classe médiocre de la bonne bourgeoisie n'obtenant aucune justice dans ses réclamations! Comment peindre les larmes de pauvres artisans sans pain et sans ressource, sans travail, écrasés par le poids des logements; insultés journellement en raison de leur attachement à la cause du Roi, et traités avec dureté par les autorités subalternes ennemies de Dieu et du Roi! Il en est dont le dévouement et la conduite ont été souvent sublimes; il en est qui n'osent encore montrer les sentiments qui les animent, forcés à des rapports journaliers avec de misérables jacobins; ils se sentent comprimés par l'idée d'une réaction qui les poursuit sans cesse.

Le malheur semble, aux yeux de toutes les classes, devoir être notre partage: on se communique ses craintes, la peur les augmente; la pénurie des moyens, la charge des passages de troupes, l'augmentation des impôts si nécessaires dans la situation des finances, ajoutent au mal-être de chaque individu, et le rendent moins disposé à l'espérance. La communication des tourments qu'on éprouve, donne plus de probabilité aux tristes présages de l'avenir. Les êtres les plus religieux aperçoivent, dans tout ce qui se passe, la main de Dieu qui s'appesantit sur la France. Puis-je me refuser à raconter la constance de ces vœux offerts au Ciel par toutes les classes, pour le Roi, pour les princes, pour Madame duchesse d'Angoulême, dont le nom inséparable de celui d'un prince admirable, se trouve dans toutes les bouches, et le désir de leur bonheur dans tous les cœurs ! L'incrédule le plus obstiné ne serait-il pas touché en voyant les victimes joindre à ces prières ferventes la demande de la conversion des auteurs de tant de maux ? On peut contempler ce tableau touchant dans les départements cités pour être les plus mauvais de la France ; et quelle est la cause de cette opinion si généralement admise ? La terreur qui a comprimé l'élan des sentiments d'un grand nombre de citoyens ; le défaut de confiance dans la force du gouvernement royal ; les moyens employés par divers agents pour pervertir l'opinion ; enfin, la perpétuité du règne des partisans de la révolution, conservés en place dans toutes les administrations, qui a empêché de se livrer à la croyance du rétablissement du souverain légitime. Ces malheureux départements n'ont pas encore goûté le bonheur qu'amène à sa suite le règne de la justice, et je dois faire l'aperçu succinct des vexations que les révolutionnaires ont fait souffrir au grand nombre de vrais royalistes depuis l'entrée des alliés, pour faire connaître la cause qui fait juger avec rigueur l'esprit de ces départements. La masse des sujets n'y est pas plus corrompue que dans les autres; mais la nature des souffrances a produit une espèce d'inertie, et s'est opposée à faire reconnaître les sentiments qui animent le plus grand nombre.

Au moment de l'entrée des troupes étrangères, un des moyens mis en œuvre par le génie du mal a été de signaler aux officiers et aux soldats des puissances alliées les royalistes les plus prononcés comme partisans de Buonaparte. On ferait un relevé effrayant des excès auxquels se sont portés les détachements des différents corps emportés par l'horreur que leur inspirait l'infamie de la révolte contre le légitime souverain; la liste des victimes serait considérable.

Dans un grand nombre de communes la dévastation des habitations a comblé le malheur des sujets fidèles, et la violence exercée envers ceux qu'on avait désignés comme coupables a altéré la santé de beaucoup d'individus, et avancera le terme de leur existence; les logements militaires, les réquisitions en tout genre ont fourni aux employés en sous-ordre des moyens de vexations sans nombre. Je ne parlerai pas de la classe des riches propriétaires que les maires des campagnes ont iniquement surchargés, je me bornerai à faire connaître les souffrances d'un grand nombre de particuliers frappés de réquisitions arbitraires en raison de leur attachement à la maison royale. On ne consultait pas le tarif proportionnel basé sur les contributions : l'obligation de fournir promptement les denrées de première nécessité pour la cavalerie et l'infanterie, les réquisitions en draps, en toile, en cuir, en objets de toute espèce pour l'habillement et l'équipement des troupes étrangères, étaient un moyen certain pour faciliter la vengeance et la haine que les révolutionnaires avaient vouées aux fidèles sujets de Louis XVIII; aussi a-t-il été employé avec une grande activité, il n'existe pas une seule commune qui ne puisse en fournir la preuve. Hélas! c'est sur la classe la moins aisée que l'iniquité a exercé son empire; elle a comblé le malheur d'une multitude de particuliers, et le cri répété si fréquemment à chaque nouvelle demande: *Ah! si c'était pour le Roi!* augmentait l'affliction des amis de la justice. L'esprit de vengeance avait signalé comme victimes à immoler tous ceux que la vertu et le dévouement auraient dû faire admirer, et c'était le denier de la veuve et de l'orphelin qui servait à accroître la fortune des sang-sues de la France.

Personne ne contestera les faits que je viens d'établir, et les députés arrivants de toutes les parties de la France, peuvent fournir des milliers de preuves de la vérité de ce tableau. L'impunité, le faux système des amalgames ont encouragé le vice, donné plus d'audace aux gens profondément corrompus; ils ont conspiré avec calme; le découragement a produit dans l'âme des honnêtes gens une espèce de désespoir, dont le résultat a été l'inertie la plus absolue. L'expérience du passé ne sera pas perdue pour le nouveau ministère que le Roi a honoré de sa confiance, la gloire de rendre à la France sa prospérité lui est réservée. D'accord avec les chambres, il s'occupera activement de la punition des coupables, et celles-ci étoufferont les germes renaissants de toutes les conspirations. Elles n'ignorent pas que l'idée d'abandonner la France se propage. Aurait-on le droit de blâmer ceux qui pensent à chercher une autre patrie? Dans la situation actuelle, il faudrait un sentiment d'amour pour ses princes, presque surnaturel, pour déterminer celui qui a un fonds de mille écus de rente disponible, ou même les ressources d'une véritable industrie, à rester dans un pays où il ne trouverait dans le gouvernement ni sûreté, ni protection pour mettre sa femme et ses enfants à l'abri de dangers toujours renaissants.

De la nécessité de placer des gens probes dans toutes les administrations.

Tous les principes sont établis sur des vérités reconnues par tous les siècles. Les sophismes répandus par une secte audacieuse et orgueilleuse a tellement égaré la multitude qu'on est forcé à établir leur évidence pour effacer cette foule d'idées fausses qui n'eussent jamais vicié le sens droit et juste de nos ancêtres, et la raison en est sensible. Les passions qui les égaraient quelquefois ne portaient le trouble que dans l'intérieur des familles, c'était le partage de la faible humanité ; mais l'orgueil effréné des hommes gâtés par la philosophie moderne, ne peut être satisfait que lorsqu'il est parvenu au point de renverser les empires.

Je ne puis mieux commencer ce chapitre qu'en employant les propres expressions de M. de M******

« Le sort des institutions dépend, en grande » partie, du choix des personnes appelées à » les faire valoir. La beauté du plan, la justesse » des proportions, n'assurent pas seules la » solidité de l'édifice, elle dépend aussi de la » qualité des matériaux. »

Le choix d'un homme profondément pervers, a eu la plus grande influence sur les destinées de la France. La leçon du malheur nous était peut-être encore nécessaire pour nous éclairer sur un objet bien important, qui n'eût pas dû être mis en problême.

Il fallait faire disparaître le prestige qui faisait croire à beaucoup de gens, *même bien pensants*, que le sort de la France était attaché à conserver à la tête des affaires, un homme auquel on croyait de grands talents, et qu'en faveur de ces mêmes talents, on devait ne tenir aucun compte du scandale de sa conduite.

On a démontré parfaitement combien la marche du dernier ministère depuis la rentrée du Roi, était contraire à son intérêt; on a fait également connaître l'énormité de l'injustice, le scandale du triomphe des méchants, et la nature des humiliations dont étaient abreuvés les fidèles sujets du Roi, contre le vœu de son cœur; et c'est avec raison qu'un auteur a dit: « Si le crime et les bassesses ne sont pas flétris, » nous ne marcherons pas franchement à notre » régénération ». En effet, employer, ménager les traîtres, c'est leur révéler le sentiment de la crainte qu'ils inspirent; c'est accroître leur audace et la soif du crime qui les dévorent; c'est prendre en quelque sorte la responsabilité de ceux qu'ils espérent commettre.

Le même auteur a plaidé la cause des royalistes, et a prouvé l'absurdité de l'opinion qui les annulle : il dit avec raison, qu'ils ne sont pas les artisans de nos malheurs. Mais pourquoi les a-t-on éloignés des places ? pourquoi a-t-on craint leur influence ? parce que l'on craignait que le Roi ne fût éclairé sur la conjuration nouvelle qui devait effacer la France de la liste des nations, et la faire périr dans l'opprobre et dans la fange de la révolution.

Je suis bien éloigné de croire qu'on doive placer tous ceux qui ont servi avec constance et sans dévier la cause de la monarchie. Il en est qui n'ont ni les moyens ni les qualités nécessaires pour faire partie des *administrations*. Ceux qui réunissent les connaissances propres à l'administration à des services rendus, ont quelque droit à la préférence ; un attachement connu à la royauté, est le premier garant de la conduite d'un fonctionnaire public. On sait malheureusement qu'il existe parmi ceux actuels beaucoup de partisans du régime de Buonaparte, et j'entends dire qu'il faut les remplacer tous ; mais lorsqu'il existe parmi soixante mille employés un très-grand nombre de sujets infidèles, il y aurait de la folie à prétendre les remplacer ; l'examen est le devoir de l'autorité ; les actes du repentir donnent droit au pardon ; mais le temps de l'hypocrisie est passé ; il en est qu'il est impossible de conserver ; leur haine pour la royauté ne se dissimule même pas ; composer avec eux est impossible ; ils accumuleraient trahison sur trahison, même avec la certitude d'en être les victimes (1).

J'ai entendu plusieurs fois avancer qu'il y aurait de la dureté à ôter la place à un homme douteux, même coupable, parce qu'il a beaucoup d'enfants ; je demanderai pourquoi cette compassion ?..... Serait-t-elle réservée pour un homme corrompu, même dangereux, tandis qu'on en a si souvent manqué pour les victimes de la révolution distinguées par de grandes vertus ? Le ministre qui adopterait un pareil

(1) Un moyen certain de reconnaître les sentiments, je ne dis pas les principes, mais au moins les opinions des gens que le gouvernement emploie, c'est la société qu'ils fréquentent. Il faut être arrivé à un grand degré de corruption que nos pères n'eussent pas cru possible, pour qu'un agent de l'administration ose afficher des liaisons avec des gens tarés et méprisés par la dernière classe du peuple. Je ne parlerai pas de la rapidité des fortunes des gens de cette classe ; mais elle est presque toujours le signe certain de l'absence de toute probité.

principe, aurait bien peu réfléchi sur ses conséquences et se chargerait d'une terrible responsabilité. Je ne veux point enlever tous les moyens d'existence à ceux qui ont mérité d'être honteusement chassés des places qu'ils occupent : je désire que l'État leur assure l'absolu nécessaire, et je ne me plaindrai pas de contribuer pour ma part à la pension qui leur serait accordée.

La preuve la plus palpable de l'importance de placer des gens honnêtes dans toutes les administrations, acquiert un degré d'évidence incontestable quand on connaît les moyens employés pour renverser le gouvernement du Roi, et pour ramener Buonaparte en France. Dira-t-on que cette révolution est l'ouvrage de l'armée ? En accédant à la proposition, il sera démontré que le choix des hommes qui la composent doit être aussi sévère ; mais les preuves multipliées du concours d'une infinité d'agents placés dans les administrations pour opérer cette infâme révolution, ont décidé impérieusement la question, et doit convaincre que la probité est la première des vertus, le seul garant de la conduite des agents de tout gouvernement, et que les talents et l'esprit n'en sont pas contre la corruption des individus que les plus viles passions ont rendus tout à la fois traîtres et parjures.

Ce qu'il y a de bien étrange, c'est que l'idée de la nécessité de confier la direction des affaires à des gens à talents, quoique profondément pervers, ait été adoptée par les victimes que les administrateurs révolutionnaires avaient eux-mêmes désignées. Depuis le commencement de la révolution beaucoup d'honnêtes gens, par défaut de réflexion, et entraînés sans le savoir par des idées philosophiques, ont été très-souvent non-seulement les agents, mais les complices des révolutionnaires. Le règne de Buonaparte n'eût pas duré dix ans, si les gens honnêtes, dupes du système de l'amalgame des partis n'avaient pas eu le très-grand tort d'entrer dans les rangs des ennemis de leur patrie. Un calcul de profonde corruption avait engagé Buonaparte à faire entrer dans les grands corps de l'Etat des hommes entièrement opposés à ses principes ; il pensait que ce mélange aiderait à faire illusion sur son infâme despotisme, et il croyait avec raison qu'en les avilissant ils n'étaient plus à craindre. Nos ancêtres, plus religieux, n'eussent pas composé avec ces principes d'honneur qui étaient leur idole : aussi ne croyaient-ils pas pouvoir conserver dans leur ordre, dans les corps, soit militaires, soit judiciaires, tout individu coupable d'une bassesse : cette déviation s'est opérée progressivement par l'effet des liaisons journalières avec la secte des philosophes modernes, et l'on s'est accoutumé à siéger sans horreur à côté d'un parjure et d'un régicide.

Le premier exemple donné dans ce genre, a mis le sceau à la dégradation de la France entière. L'espoir d'opérer le bien était une illusion qui avait séduit de très-honnêtes gens, c'était le très-petit nombre. D'autres n'avaient pas su résister au vil espoir d'échapper personnellement à la faulx dévastatrice de la révolution, au désir de réparer leurs pertes; c'était pour d'autres la soif des honneurs qui dégradaient celui qui en portait les marques; aussi l'indignation pour le crime et la bassesse n'existait presque plus; une tolérance coupable avait flétri les âmes, énervé le courage, et on n'avait plus celui de savoir vivre noblement et dans la grande médiocrité. Il est temps de faire oublier cette époque trop long-temps prolongée de la turpitude nationale. L'indulgence pour l'erreur de bonne-foi, puise toujours sa source dans la connaissance de soi-même; abandonnons le sort des coupables à la justice de Dieu et des rois qui en sont les représentants sur la terre. Demandons grâce pour ceux que des faits marquants et un retour sincère ont ramenés et purifiés; mais demandons au Roi de ne pas permettre que ses fidèles sujets soient condamnés au malheur de ne pouvoir le servir, si cette jouissance doit être achetée au prix de l'honneur, et si cet exemple doit être le premier degré de corruption de nos propres enfants.

La meilleure manière de prouver la nécessité de placer d'honnêtes gens dans toutes les administrations, et le devoir impérieux pour l'honneur national de chasser honteusement ceux dont l'existence prolongée semble donner aux étrangers le droit de nous mépriser, c'est de tracer les plaintes et les gémissements de tant de millions de victimes de l'abus du pouvoir et des vices impudents de ceux qui concourent à l'exercer.

Il n'y a pas jusqu'au valet des prisons qui n'ait la faculté de nuire. Le mauvais choix des concierges n'ajoute-t-il pas sensiblement au malheur des accusés livrés à la justice? Innocents ou coupables, ils ont des droits à la compassion ! Les monstres dont je parle trouvent des protecteurs même parmi les honnêtes gens toujours faciles à tromper, parce qu'ils ne réfléchissent pas aux conséquences de leurs recommandations. Mais c'est au centre d'où part cette faculté de répandre le malheur sur les têtes de quatre cent mille administrés que je dois remonter.

Le choix d'un préfet fait le bonheur ou le malheur d'un département entier; et peut-on calculer les suites déplorables de la conservation des chefs de bureaux lorsqu'ils sont corrompus, lorsqu'ils abusent de l'inexpérience de leur chef en le trompant dans les rapports qu'ils lui font, en supprimant les pièces essentielles des parties, en influençant, en dictant même les arrêtés des préfets, en repoussant les justes réclamations des administrés, ajoutant encore à tant d'indignité la calomnie la plus horrible pour étouffer la voix des victimes qui apportent en tremblant leurs humbles supplications? Hélas! ils mettent leur orgueil à protéger les oppresseurs du pauvre peuple.

Si les charges produites par le fléau de la guerre ont été si pesantes, n'est-ce pas en particulier leur ouvrage ? Et ne trouverait-t-on pas de justes motifs d'accusation à présenter à une chambre de révision, si dieu permettait sa formation ? J'en dirai autant de plusieurs sous-préfets et secrétaires généraux, insolents représentants des préfets qui ignorent ou qui feignent d'ignorer leur conduite et qui en sont souvent dépendants. Le ciel a entendu les cris des opprimés, et c'est en leur nom que je demande justice. Ma faible voix ne retentira pas envain ; elle parviendra jusqu'au Roi, et elle pénétrera son cœur, toujours ouvert aux réclamations d'un peuple qu'il cherche à rendre heureux. L'exposé des souffrances de ses fidèles sujets fixera sans doute l'attention des Chambres ; il rappèlera aux députés les faits qu'ils ont pu observer ; ils en feront recueillir les preuves, et ce faisceau de lumière apportera un changement désiré. Il mettra un terme au malheur des départements qui ont été depuis si long-temps en proie à la rapacité des révolutionnaires.

Un peintre plus habile ne se serait pas borné à l'esquisse des maux que je crois devoir faire connaître.

Mais le cœur pénétré de la multitude des souffrances, de la vue déchirante de tant de milliers de malheureux sans appui, rebutés par les auteurs de leurs maux, trouve aisément dans le sentiment qui l'oppresse, la chaleur des expressions qui servent à en faire la peinture ; et combien de fois mon sommeil n'a-t-il pas été interrompu, par le souvenir de tant d'iniquités ! N'avons-nous pas l'espoir fondé que l'ordre sera donné aux préfets d'interroger les victimes de leurs sous-ordres ; et ce devoir n'est-il pas le premier des chefs de tous les départements ? Je demande donc qu'ils fassent un examen sévère de la conduite de ces caméléons devenus si impudents, parce que la prolongation du règne de l'injustice semblait leur assurer le droit d'en être éternellement les agents déhontés ; et la négligence à remplir ce devoir sacré, dont Saint-Louis a donné le grand exemple, n'appèlerait-elle pas sur la tête des administrateurs coupables le concours des vengeances divines et humaines ?

L'heure de la justice a sonné ; le Ciel est irrité de la licence accordée au crime, de la perpétuité des désordres et de l'énormité des scandales. Trois mots suffiront pour mettre un terme à tant de souffrances : punir, déplacer, sans y mettre de passion, et remplacer avec connaissance de cause. M. Fievé a dit avec raison :

« Les coupables ne croyent pas au pardon ; » il faut donc au moins les paralyser et ne ja- » mais les employer. »

J'ai ajouté : il en est qu'il faut punir. L'examen sévère des employés de toutes les administrations, et l'épuration qui s'en suivra, assurera à la France le bonheur de conserver son roi : la gloire et l'honneur de la nation sont attachés à l'admission de ce principe ; la tranquillité des sujets en sera le résultat, et la justice l'exige.

Aperçu de l'état moral de la France.

Je n'ai pas la prétention de donner un véritable aperçu de l'état moral de la France ; cet objet doit être traité par un grand maître. Je me permets seulement d'offrir quelques réflexions sur les motifs qui ont fait juger de la dépravation de la France avec une sévérité excessive. Je me trompe avec une injustice très-grande, et surtout très-grave dans ses conséquences ; je ne connais pas d'erreur plus dangereuse que cette idée généralement répandue et accréditée : elle ne nuit pas seulement au retour de la considération dont la France a besoin dans ses relations avec l'Europe entière ; mais elle prolonge les troubles de l'intérieur ; elle empêche la formation de l'esprit public. Diverses causes ont concouru à cette opinion trop généralement adoptée, et elle a contribué au mépris que les étrangers se permettent de montrer pour la nation française. Les gens les plus honnêtes sont souvent les échos de cette clameur générale ; l'indignation et les souffrances en sont les motifs naturels. Il est temps de porter nos regards sur les graves inconvénients de juger aussi rigoureusement. Ne pourrait-on pas comparer la France à un malade auprès duquel on a assemblé les plus célèbres médecins? Parmi ces docteurs, il en est qui s'informent légèrement de la constitution du malade, de son âge, de la vie qu'il a menée, des caractères de la maladie, de ses phases ; et sur un premier aperçu, ils ont l'imprudence de porter légèrement l'arrêt de sa condamnation et de le répandre. Les autres, plus sages, ne partagent pas cette opinion, et observent avec attention la nature du tempérament, la force de la constitution du malade, le régime qu'il a suivi depuis long-temps. Ils voyent et reconnaissent qu'il y a encore un principe de vie très-fort; que le sang n'est pas absolument vicié, et que c'est au régime qu'il faut attribuer les causes de la dissolution apparente. La connaissance des forces du malade leur fait entreprendre de l'arracher des bras de la mort; ils lui consacrent leur temps, leurs veilles; employent les ressources de l'art, et bien plus encore celles de la bonne nature : le malade désespéré recouvre ses forces, et est encore aujourd'hui l'honneur du corps auquel il est associé. La France est ce malade qu'on croit désespéré; les chambres et les ministres sont les médecins; ils sont chargés de sonder les plaies, d'examiner les ressources que donne la force de la constitution, les raisons qui ont fait croire à la profondeur de la dépravation de la France, et quels sont les motifs qui la font paraître aussi générale; ils reconnaîtront que la véritable cause est dans l'*admission* des principes révolutionnaires sur lesquels on a basé son régime administratif; ils reconnaîtront que la dissolution n'est qu'apparente, et que la grangrène, qui a gagné quelques parties du corps politique, peut être arrêtée; qu'en changeant de principes, en adoptant ceux qui sont la source féconde des vertus ; en donnant un régime analogue, ils peuvent rendre la vie à un grand peuple affaissé sous le joug d'un long despotisme. Les médecins de l'état ne ressembleront pas aux docteurs qui ont abandonné le malade ; ils réuniront toutes les lumières qui peuvent aider à une bonne direction, et la France leur devra le rétablissement de son ancienne splendeur.

L'idée de la corruption de la France peut porter au découragement les plus grands administrateurs, doit les rendre chancelants dans les déterminations à prendre, et peut même empêcher d'adopter le plan le plus avantageux, en raison des obstacles qu'on croit apercevoir. Elle a une influence également fâcheuse sur les individus ; elle produit la désolation dans le cœur des pères et des mères ; elle arrête le concours de tous les moyens à prendre pour le bien général ; car le découragement ne laisse aux hommes abattus par le malheur qu'une seule pensée dominante, celle de la nécessité de se soumettre, même sans murmurer.

La nullité, étant le cercle vicieux dans lequel ils se renferment ordinairement, laisse au vice tout son ascendant.

Si cette opinion sur la corruption de la France devenait générale, ses ennemis en tireraient un grand avantage, et leur activité augmenterait en raison de l'espérance de la prolongation de l'anarchie ; elle donnerait une action prodigieuse à leurs efforts pour terrorifier la masse des gens sans caractère, et pour précipiter les gens chancelants dans l'abîme de l'iniquité. Le ressort le plus puissant pour arrêter le torrent de l'esprit public, celui qui donne une grande force au gouvernement, serait sans effet, parce que la paralysie engourdirait le corps social, et l'empire le plus puissant s'écroulerait.

J'essayerai donc de démontrer combien cette idée de la corruption de la France est fausse ; je montrerai que les apparences de la dépravation proviènent de la protection accordée à l'impiété sous les gouvernements qui ont existé en France depuis vingt-cinq ans, et particulièrement sous celui de Buonaparte. Elle a été ouvertement accordée aux apostats ; et l'influence qu'ont eue sur les mœurs la conduite de ces infâmes a produit un mal incalculable. Il ne me sera pas difficile de montrer que la religion seule assure le repos et la stabilité des empires. Je parlerai de l'effet du parjure, des ravages de l'ambition et de la cupidité ; je traiterai aussi le chapitre de l'égoïsme, qui n'a cependant pas perverti la masse de Français au degré qu'on le suppose ; je dirai un mot sur les effets de l'irrévocabilité de la vente des biens nationaux que je crois nécessaire à maintenir pour la tranquillité générale ; enfin, j'examinerai quel a été l'effet de l'action de la terreur sur le caractère national. Il est aisé de prouver que l'état moral de la France vient moins de l'absence de la religion que de la protection accordée ouvertement à tous ceux qui ont l'impudence d'afficher le mépris de cette base essentielle de la morale publique. On ne peut trop souvent rappeler à la masse des hommes qu'il n'y a point de sociabilité sans religion.

Depuis vingt-cinq ans l'espérance aveugle des révolutionnaires, qui ont cherché à gouverner la France, a été fondée sur les succès des moyens employés avec l'astuce le plus perfide et l'audace la plus inconcevable, pour détruire dans l'âme des peuples toute espèce de principes religieux. Tous les ouvrages qu'ils ont répandus ont eu pour but d'inspirer la haine contre la religion et ses ministres, afin de parvenir à décatholiciser la France. Tel est le caractère particulier de l'esprit révolutionnaire, qui a porté la mort et la désolation dans l'Europe entière, et qui a fait le malheur de vingt-cinq millions d'âmes.

Le premier germe s'est bien développé dans la tenue des États généraux qui ont enfanté l'assemblée constituante, mère du schisme, des apostats et de la constitution civile du clergé; la convention se forma et professa l'athéisme; Robespierre gouverna la France, et l'être suprême fut reconnu. Nous avons eu les constitutions de 91, 93, 95. Les cinq directeurs ont déshonoré la France; la nécessité de les renverser a produit le consulat à vie, et la bassesse a fait décerner au Corse le titre d'empereur; mais l'adhésion à sa nomination n'a pas été donnée par le vingtième de la France, et il faudrait encore en soustraire une grande partie qui a cru trouver quelque adoucissement à tant de maux, en se livrant à l'espoir du retour de la monarchie. Jusqu'à cette époque, et dans les temps de la plus horrible persécution, Dieu avait conservé beaucoup d'adorateurs ; un grand nombre d'évêques, retirés en Angleterre, en Allemagne, en Espagne, veillaient sur le dépôt de la foi, entretenaient les peuples dans l'attachement à l'esprit de l'évangile ; les instructions de missionnaires zélés encourageaient les fidèles, en leur distribuant les secours et les consolations de la religion. L'avénement de Buonaparte au trône a été le signal de la plus dangereuse des persécutions, parce qu'il a admis pour principe *la religion dans l'état*. En reconnaissant publiquement que la religion catholique, apostolique et romaine, était celle de la majorité des Français, il ne lui a accordé qu'une tolérance perfide et une protection ouverte à toutes les sectes, même aux Juifs, qu'il a voulu assimiler à tous les autres citoyens. Parmi le clergé catholique, les faveurs ont été accordées aux évêques intrus, aux apostats les plus scandaleux; et c'était avec leurs secours qu'on a tenté d'éteindre en France les principes de la véritable religion. La dépravation des habitants des campagnes est leur ouvrage : elle s'était manifestée dans tout l'empire, depuis la destruction des corps religieux, auxquels l'éducation publique était confiée. Il faut donc les rétablir, et rappeler promptement les frères de la doctrine chrétienne, remplacés par des professeurs de calcul décimal. Le fond des principes, que les uns et les autres avaient inculqués, ont conservé le dépôt de la foi, en dépit de l'exemple et des leçons des curés et succursalistes intrus.

Dans toute la France, il y a un contraste frappant entre les mœurs des habitants des campagnes, dirigés par les déserteurs de la foi, et celles qui le sont par de véritables apôtres. Ceux-ci ont encore maintenu la saine doctrine ; le Midi, le Nord et l'Ouest en sont la preuve. Mais le crime le plus grand des apostats qu'on a placés dans les lycées, est d'élever une génération dans le mépris de l'autorité légitime et de l'autorité paternelle. Les jeunes gens qu'ils ont pervertis sont étrangers aux sentiments de la nature et de l'amitié. A peine arrivés à l'âge de puberté, ils sont dévorés de la soif des honneurs et de la cupidité ; ils ne rêvent qu'au bonheur de ravager les pays étrangers, et n'épargueraient pas davantage celui qui leur a donné le jour. L'orgueil que leur inspirent les notions qu'ils ont acquises dans plusieurs sciences, leur persuade qu'ils sont créés pour gouverner le monde ;

leur mépris pour les gens âgés, pour leurs propres pères, ne se dissimule pas; et c'est l'ouvrage de ces apostats placés recteurs, proviseurs et professeurs des lycées. Et cette institution *buonapartienne* existe encore! Ah! ce n'est pas ainsi qu'on régénérera la France. Mais cet objet si essentiel fixera l'attention des chambres; la justice s'exercera, la nation entière la réclame.

Beaucoup de pères de famille, dans toutes les classes, ont mieux aimé renoncer à l'appât de l'éducation gratuite proposée par le gouvernement usurpateur, et leurs enfants ont hérité de leurs principes et de leurs vertus. La France n'est donc pas aussi corrompue qu'on le pense : il serait superflu de parler de la nécessité de la religion. Je me bornerai à dire que tous ont le même intérêt à la voir reprendre son empire. Elle est la mère des vertus, le lien de la société, le garant de la soumission; elle fait le bonheur des époux, des pères et des enfants, du roi et des sujets. Dans les temps où les magistrats, unis aux défenseurs de l'état, mettaient leur gloire à la faire respecter, on n'entendait pas parler de ces crimes atroces trop souvent répétés, qui font frémir les sauvages mêmes. Les femmes n'assassinaient pas leurs maris, les enfants leurs pères; il n'y avait pas de jurés pour absoudre les coupables, et par conséquent les jurés ne se croyaient pas le droit de se plaindre des témoins qu'ils n'avaient pu gagner. Aussi a-t-on vu à Paris des révolutionnaires, effrayés des funestes suites de leur propre athéisme, confier l'éducation de leurs enfants à des catholiques fervents; et les spoliateurs des rois et des Français ont eux-mêmes un grand intérêt au rétablissement de la religion, car la religion seule apprend à pardonner.

On trouvera dans Paris, pour rétablir le christianisme dans toute sa pureté, ce qui n'existe nulle part, des apôtres, des martyrs de la révolution, occupés à faire le bien de leurs ennemis acharnés; des orateurs chrétiens, des Ambroise et des Augustin. C'est pendant ces longues années d'affreuses calamités; c'est sous le règne du nouveau Julien que se sont élevés ces jeunes gens si étonnants, si courageux, si zélés, si Chrétiens, dont Paris a offert et offre encore tant de modèles; c'est au milieu de cette corruption que l'on a vu s'élever tant de jeunes personnes du sexe, l'honneur des femmes, l'exemple des épouses et des mères ; c'est dans ces temps déplorables qu'on a vu ces réunions d'individus entièrement occupés d'œuvres admirables, et du soin de rallumer le feu du christianisme ; et on ose citer la France comme le gouffre de la perdition ! Rassurons-nous, le bon sens et la raison guidés par la religion reprendront les rênes des empires, ainsi que la justice, ou ils s'écrouleront. Il n'existe qu'un seul livre essentiel aux rois comme aux peuples, c'est l'évangile. La cause première de l'immoralité, de la dépravation et de l'esprit de révolte, viènent du mépris ou de l'insouciance pour la religion. Sans elle, il n'y a ni paix, ni tranquillité, ni bonheur : tous les peuples ont reconnu cette grande vérité ; mais la mauvaise foi, cachet particulier des apôtres de la tolérance, est d'adopter pour principe la nécessité de la religion, et de rejeter l'obéissance à ses lois. Ils emploient l'arme du ridicule pour les faire mépriser. Il faut à l'homme un but noble et élevé ; la sagesse humaine ne suffit pas pour gouverner le monde ; Dieu seul est l'auteur et le conservateur de la sagesse et de l'ordre. C'est l'orgueil effréné qui a mis au jour ces systèmes aussi impies qu'absurdes qui ont ensanté le trouble, les désordres, les dissensions, les rivalités, les guerres les plus désastreuses; c'est lui enfin qui a amené la révolte des peuples contre les souverains, le despotisme et l'anarchie pour punir les nations.

Du Serment.

Le mépris du serment est le signe le plus frappant de notre démoralisation; mais la légéreté du caractère national, l'ignorance profonde d'une multitude d'hommes élevés dans l'impiété, diminuent peut-être la gravité du crime. Il est temps d'en faire sentir l'énormité, et de marquer du sceau de l'infamie ces hommes méprisables, qui osent plaisanter en parlant du serment, et se font un jeu du parjure. Si on pouvait même, dans une question aussi majeure, ne la considérer que sous le rapport de l'honneur, je désespérerais du salut de ma patrie; mais je dois arrêter un instant l'attention sur l'idée qu'il faut avoir de l'honneur. Depuis la révolution, on ne le fait consister que dans la simple valeur, et c'est l'appanage du dernier des soldats. Quelle idée aurait-on d'une nation qui ne connaîtrait l'honneur que sous ce rapport? L'attachement à la religion, la fidélité à sa parole, la noblesse des actions, le respect pour les femmes, la délicatesse dans l'exécution des conventions, la défense de la veuve et de l'opprimé, le désintéressement enfin, la facilité à faire tous les sacrifices nécessaires au bien de l'état, sont les caractères distinctifs de l'honneur. Ce n'est pas le ruban ni la croix qui font connaître un véritable chevalier. Pourquoi le peuple a-t-il si peu de respect pour les décorations? parce que la conduite des individus est en opposition avec la marque qui les distingue; parce que des milliers d'individus dans l'armée, dans les administrations, etc., ont violé sans honte la foi du serment, et n'en sont que plus audacieux. Ils n'ont même pas les remords de l'ingratitude..... Je vais retracer les propres expressions du serment des chevaliers de Saint-Louis, afin d'en rappeler les obligations; car ils doivent être particulièrement les défenseurs de la religion et les conservateurs de l'honneur :

« Ils ont juré de vivre et mourir dans la » religion catholique, apostolique et ro- » maine. »

Ils sont les successeurs de ces légions thébaines, qui se firent décimer plutôt que d'être infidèles à la loi de leurs pères.

« Ils ont juré d'être fidèles au Roi, de gar-
» der, défendre, soutenir de tout leur pouvoir
» l'honneur, l'autorité, les droits de Sa Ma-
» jesté, et ceux de sa couronne, envers et
» contre tous;

» Ils ont juré de révéler tout ce qui viendra
» à leur connaissance contre sa personne et
» contre son état;

» Ils ont juré de se comporter en bons,
» sages, vertueux et vaillants chevaliers. »

Que de devoirs renfermés dans ce serment! Et qui pourrait croire qu'il se soit trouvé des individus qui ont eu l'impudence de dire hautement?

« Le serment que je fais est forcé, parce
» qu'on est obligé de le faire à l'autorité qui
» gouverne; mais comme il peut compro-
» mettre ma fortune, celle de mes enfants,
» et nuire à mes espérances, en le faisant je
» proteste intérieurement *dans ma cons-*
» *cience.* »

Quelle horrible contradiction! Représentants de la France, vous frémissez en lisant les expressions que je trace avec un sentiment de douleur inexprimable. Croyez-vous qu'avec une morale de circonstance, qui révolterait les sauvages mêmes, on puisse se flatter de la régénération de la France ? Toutes les lois doivent être basées sur les préceptes divins, et le gouvernement doit employer la vigueur nécessaire pour les faire respecter?

On ne réfléchit pas sans frémir aux calculs profondément machiavéliques du gouvernement de Buonaparte : le serment qu'il exigeait était pour lui le gage de la fidélité des honnêtes gens ; mais son arrière-pensée était d'en faire les complices de ses projets gigantesques, et de les en rendre victimes. L'excès de la tyrannie a conduit à la plus horrible déviation ; cet état violent, trop long-temps prolongé, a tellement affaibli les caractères, qu'on s'est permis de regarder le serment comme forcé. On n'a presque plus d'idées des devoirs qu'il impose. Et comment s'est-on ainsi familiarisé avec le parjure? C'est parce qu'on n'était plus dirigé par l'honneur, et surtout parce que l'idée religieuse, qui donne tant de force et tant de majesté au serment, est effacée. Les lois portées contre le parjure ne sont plus en vigueur. Mais qui peut s'opposer à renouveler celle de la dégradation? C'est la juste peine que doivent encourir ceux qui s'en rendront coupables.

On ne saurait trop fixer l'attention sur la rigueur des obligations de ceux qui ont fait serment au Roi; elles sont si peu connues, que l'on entend beaucoup de gens énoncer dans la société des faits graves contre le gouvernement; et lorsqu'on leur dit qu'il faut les faire connaître, ils répondent qu'ils ne veulent pas faire le métier de dénonciateurs. La dénonciation est un mot qui répugne à l'honnête homme, parce que l'idée générale en applique le sens à la vengeance ou à la bassesse. Mais instruire le gouvernement des trames qui se font contre le Roi et l'état, de la conduite infâme des gens dangereux, n'est point une dénonciation; c'est un devoir pénible, mais rigoureux et imposé par la loi du serment qu'on a prêté au Roi; et jamais l'observation n'en a été plus stricte, car la France recèle dans son sein des conjurés, des ennemis dangereux, qui n'ont pas renoncé à l'espoir d'opérer encore une nouvelle révolution; et la surveillance et la punition peuvent seules mettre un terme à de nouvelles conspirations.

Ce qu'il faut apprendre, c'est de ne jamais signaler les accusés sans avoir pris des renseignements positifs sur les faits dont on les charge. Dix mille chevaliers de Saint-Louis ont juré de révéler tout ce qui viendrait à leur connaissance contre le Roi et l'état; et ils doivent être les sentinelles du trône. Il faut le soutenir, ou s'ensevelir sous ses ruines.

J'ai terminé mes réflexions sur tout ce qui est relatif à la religion; elles exciteront peut-être les sarcasmes de ses ennemis. Ils seraient plus indulgents pour une dissertation bien ennuyeuse sur Confucius, Kant, ou sur le docteur Gall..... Mais je n'ai pas à me reprocher le sentiment de l'irritation contre ceux qui n'ont étudié que les auteurs qui ont cherché à décrier la morale du divin législateur; je me borne à les plaindre, et je désire que leurs enfants ne répandent pas l'amertume sur les années qu'ils ont encore à vivre.

Je dois parler de l'influence qu'ont eue l'ambition et la cupidité sur l'état moral de la France.

De l'Ambition et de la Cupidité.

L'ambition et la cupidité, deux passions

terribles dans leurs développements et dans leurs effets sur les mœurs d'un peuple, ont contribué sensiblement à la dépravation ostensible de la multitude. Il est utile, je crois, d'en établir les causes pour faire mieux juger de la nature de la corruption qu'elles ont produite, et de leurs remèdes.

L'effervescence générale qui s'est manifestée dès le principe de la révolution, a offert aux yeux de l'observateur des millions d'individus ennemis de tout frein, abandonnés aux passions les plus ardentes; elle devait donner de la France l'idée d'une nation décomposée et pervertie. L'égalité et la liberté ont causé l'explosion; l'espoir d'arriver au faîte des honneurs, et de faire une fortune rapide, s'est emparé de toutes les têtes, et la lie du peuple est entrée dans les rangs des prétendants. Le renversement de la hiérarchie des classes, la destruction des grands corps de l'antique monarchie a amené la confusion; les lois de l'état, les principes, même les préjugés, ne servaient plus de fanaux pour diriger la masse des individus dans une ligne droite, ni pour contenir leur débordement, après l'avoir abandonnée. Les factions successives se servaient de cette effervescence pour arriver à leur but, à la domination ; et les chefs de la révolution croyaient pouvoir donner une direction à la lave qui devait les consumer. Le Corse dominateur qui les remplaça crut, à son avénement au trône, pouvoir sans inconvénient alimenter les passions effrénées qui renversent les empires ; cet aventurier ambitieux, pétri de vices et d'orgueil, ignorait le principe qui les fonde et qui les conserve : il a excité l'avidité des hommes les plus corrompus pour en corrompre un plus grand nombre. Un système extravagant de commerce étranger à la nature de notre sol n'a servi qu'à opérer la ruine des insensés qui l'entreprirent. Le gouvernement de l'homme du destin ne sentit pas que tout système de commerce, qui ne se trouve pas en harmonie avec celui des nations voisines, ne peut avoir qu'un succès éphémère. On imprima un mouvement terrible à l'esprit de cupidité. L'agiotage, la vente des biens nationaux, et la dépréciation des assignats, qui avaient légitimé le vol fait au nom de la loi, avaient déjà offert le spectacle des fortunes les plus scandaleuses et les plus colossales, et avait excité l'avidité de la multitude; la rapidité des fortunes, en donnant encore plus d'action à la cupidité, laissait d'autant moins d'incertitude à l'espoir du succès, que tous les moyens de la satisfaire étaient permis, au moins tolérés. La rage des spéculations devint une maladie épidémique; l'exploitation des royaumes augmenta l'ardeur des aspirants, et les banqueroutes fréquentes n'arrêtèrent pas les progrès de cette peste morale, parce que les lois faites à la hache, et décrétées par des législateurs aussi corrompus qu'intéressés à les fabriquer, donnaient aux coupables l'espoir d'échapper au glaive de la justice. La cupidité fut pendant vingt-cinq ans l'idole qu'on encensait; et quoique la vanité fût excessive, l'amour des grades et des places n'était que secondaire dans l'échelle de la corruption. Il fut bien démontré que l'amour des honneurs et des grades était en raison des appointements qui y étaient attachés, et la cupidité conserva toujours la prééminence.

Le faux système des patentes, profondément calculées par les vampires de la France, a allumé également l'ambition et la cupidité des dernières classes de la société; elle atteignit celle des ouvriers jadis heureux du gain que leur procurait une honnête subsistance; ils crurent pouvoir aussi courir les chances de la fortune. Le défaut d'aisance et de nouveaux besoins mirent la bonne foi et la probité à de trop fortes épreuves, et augmentèrent prodigieusement la dépravation d'une multitude sortie de sa sphère pour son propre malheur. Il en résulta un autre inconvénient; la vanité augmenta le nombre des raisonneurs et des insurgés, partisans naturels du régime de Buonaparte. Cependant le très-grand nombre des désappointés dans leurs espérances, la chute du tyran, le terme de ses victoires, les onze mois du règne des Bourbons, ont ouvert les yeux à beaucoup d'hommes égarés. Le besoin de la justice et du repos, après tant d'agitations, commence à se faire sentir, et aidera puissamment au retour de l'ordre et des principes. Mais une petite partie des nouveaux riches sème encore l'inquiétude parmi le peuple, et appèle la surveillance du gouvernement; c'est celle de ces négocians déhontés qui se sont persuadé que l'argent seul donnerait des droits à la considération. Leur haine pour la noblesse est remarquable; elle vient de la crainte que la noblesse ne recouvre, avec une partie de sa fortune, quelques distinctions particulières accordées jadis à la naissance. Cette jalousie si ridicule, puisque rien ne peut l'exciter, a rendu une partie de cette classe véritablement ennemie du gouvernement paternel des Bourbons, et l'a déterminée à s'associer aux factieux qui se flattent encore de porter le trouble dans l'état. La partie saine de la classe respectable des commerçants a très-heureusement contrebalancé leurs efforts, en développant un vrai courage et beaucoup de caractère; elle n'a pas calculé les sacrifices, pour fortifier la partie du peuple qui est si facile à égarer, et pour donner des preuves de son dévoûment au Roi. Le moyen le plus certain de rendre à cette classe ces vertus si nécessaires à l'ordre et au bonheur des individus, c'est le rétablissement des corporations. Lorsqu'elles existaient, il y avait dans tous les états un esprit de corps qui servait de frein; une action contraire à la délicatesse déterminait le corps à chasser l'individu qui le déshonorait; le moindre écart, la moindre bassesse, attirait le blâme, et la probité la plus scrupuleuse était l'âme du commerce. Il n'y a que l'esprit de corps qui puisse aider à ramener les moeurs, et rendre une nouvelle vie aux classes secondaires; cet esprit de corps doit être fondé sur le désir de mériter l'estime publique, et doit tirer sa source des principes religieux. Il faut prendre l'inverse du gouvernement de Buonaparte, qui n'employait que deux mobiles, le *vil intérêt* et la *crainte*. L'ambition et la cupidité avaient presque ébranlé l'ordre social ; les dernières classes de la société étaient entraînées par ces deux passions destructives de leur véritable intérêt ; le fils du dernier savoyard se croyait le droit de rivaliser avec le fils d'un maréchal de France. La charte n'exclut personne des plus grandes places ; mais dans un bon gouvernement, il faut des talents supérieurs et des qualités distinguées pour y arriver. A présent, la vertu réunie aux lumières deviendra le premier des titres, et le vice un motif d'exclusion. L'expérience funeste de l'année dernière ne sera pas perdue pour le ministère actuel ; il repoussera cette foule d'intrigants qui ont l'art perfide de séduire les gens les plus honnêtes, et d'en obtenir une protection ; ils trompent même la religion de nos princes, parce que la vertu et la bonté ne sont jamais assez en garde contre l'hypocrisie et le mensonge.

L'affluence des prétendants à toutes les places, qui assiégea l'année dernière les antichambres du Roi, des princes et des ministres, était propre à égarer les hommes d'état, et à leur donner une idée fausse de la morale des Français. Les intrigants étaient nombreux, à la vérité ; ils étaient très-ardents, et souvent trop heureux. Tous les moyens de réussir leur paraissaient légitimes ; mais il faut les séparer de la multitude des gens honnêtes que la révolution avait réduits à l'extrémité du malheur ; il fallait excuser l'importunité des sollicitations de ces derniers en faveur de leur situation ; il fallait aussi pardonner à un certain nombre d'individus quelques prétentions en raison de leur fidélité; il fallait se prêter encore à l illusion de ceux qu'ils croyaient pouvoir servir l'état d'une manière plus avantageuse pour le bonheur de la France, que cette foule de révolutionnaires qui ne la considère que comme une mine féconde qui sert à les enrichir. D'ailleurs, le désir de trouver dans une place, ou dans une pension, des facilités pour payer leurs créanciers, n'était-il pas bien estimable? Les émigrés particulièrement n'ayant plus de chefs depuis long-temps, privés de l'appui d'un ordre distingué dans la monarchie, n'ayant plus même le dédommagement de la considération publique, ressemblaient à ces passagers jetés hors d'un vaisseau qui avait fait naufrage ; les vagues de la mer, en les ramenant à la côte, les y laissaient absorbés d'une seule pensée, la recherche d'un abri, et des moyens de vivre.

De l'Égoïsme.

Après avoir exposé les ravages de l'ambition et de la cupidité, je ne puis passer sous silence cette grande maladie, qui doit effrayer une assemblée chargée de la régénération d'un grand peuple, cet égoïsme universel, que l'on regarde comme le symptôme d'une profonde corruption. Mais on n'a pas observé qu'il existe deux espèces d'égoïsme ; l'un naît de l'absence des principes religieux, de la perversité du cœur, et il n'a gangréné qu'une faible portion de la population dans toutes les classes ; il ne se masque même pas. La corruption, portée à son dernier degré, égare tellement ceux qui en sont atteints, qu'ils mettent leur gloire à l'afficher ; et malheureusement on n'en fait pas justice. Il existe un autre égoïsme né des circonstances, et qui fait juger la masse des hommes avec une trop grande sévérité. Dans un gouvernement impie par principe, et despote par calcul, l'inquiétude s'empare de tous les esprits ; la terreur resserre les cœurs et paralyse la confiance; on s'isole sans le vouloir, on jouit en tremblant, même de ce qu'on possède légitimement. Le renversement des fortunes, l'état de gêne, porte l'homme à s'occuper uniquement des objets particuliers de ses affections. Les rivalités, dans la recherche d'une amélioration quelconque, diminuent les liens de l'amitié; la corruption générale éveille le soupçon; et cet état pénible, qui enfante tous les dehors de l'égoïsme, est cependant le résultat d'un gouvernement vicieux et profondément irréligieux. L'intérêt de ceux qui appartiènent à cette deuxième classe est de s'éclairer sur le danger d'être confondus dans les rangs de la première.

Les travaux préparatoires de la régénération, les efforts du pouvoir légitime pour terrasser l'hydre de la révolution, laisse encore prise à l'inquiétude; le découragement de ceux qui vivent d'espérance est d'autant plus grand, que les artisans de leur malheur affectent encore l'air du triomphe. Un caractère d'agitation est encore empreint sur d'autres figures, et on n'en découvre pas facilement le principe. Accoutumés à l'aisance, ils n'ont pas la force nécessaire pour supporter la médiocrité; ils eussent été heureux, s'ils n'étaient pas nés dans le siècle du matérialisme. Ils n'ont pas puisé dans la source véritable le courage nécessaire pour renoncer aux illusions d'un bonheur fondé sur des besoins factices; ils n'ont pas été nourris dans ces principes d'honneur, de probité, de modération, qui rendaient leurs pères heureux; et voilà la raison principale qui peut faire regretter l'ancienne hiérarchie des classes; et particulièrement ces corporations qui, grâce à l'esprit de corps, conservaient précieusement les sentiments les plus nobles, l'horreur de la bassesse, dont on ne rougit plus. Les principaux membres de ces corporations sentaient tout le prix de l'honneur national, et du respect pour l'opinion publique, qu'on brave aujourd'hui avec la dernière impudence. On reconnaîtra, avant un an, que la nation française n'est pas arrivée au degré de dépravation qui fait désespérer de la régénération d'un empire. Un gouvernement juste et paternel s'occupera des moyens de venir au secours des nombreuses victimes de la révolution; il fera renaître le calme et la sécurité, et lorsque le vice n'aura plus le privilége d'obtenir les honneurs et les distinctions, la vertu reprendra son empire.

Irrévocabilité de la vente des biens nationaux.

Mon respect pour le Roi, pour la charte, et le désir de la tranquillité publique, m'eussent fait une loi de ne pas traiter cet objet, si l'intérêt public ne justifiait pas les raisons qui me déterminent à faire des réflexions qui y ont rapport.

J'adhère entièrement et j'ose dire franchement, à l'irrévocabilité de la vente des biens nationaux; mais comme je traite de l'état moral de la France, et que je remplis le devoir d'un vrai Français, en indiquant les causes d'agitations et les moyens d'y remédier, je dois dire que la parole du Roi, que la charte, que toutes les assurances qu'on pourrait y joindre, ne suffiront pas pour calmer les acquéreurs; qu'on se servira toujours du doute sur la solidité des acquisitions nationales pour agiter le peuple des campagnes. Les transactions amenées par la persuasion, et passées amiablement entre les parties, seraient un des meilleurs moyens de ramener la tranquillité.

Le Roi a promis, a juré la charte, je le

répète, et sa parole est sacrée ; ainsi, son gouvernement doit sévir contre tout individu qui troublerait la possession d'un acquéreur. Mais la force la plus imposante est sans action sur l'opinion, et je vais exposer les motifs d'inquiétude, d'agitation, qui doivent se perpétuer jusqu'au moment où la très-grande partie des acquéreurs aura traité amiablement avec les anciens propriétaires, car ils sont toujours en présence. Les acquéreurs, qui ont acheté à vil prix, ne croyent pas à la possibilité de conserver des biens dont la vente a été décrétée par les plus infâmes révolutionnaires ; rien ne peut les tranquilliser. Ils font des vœux pour la continuation du règne des révolutionnaires, intéressés comme eux ; mais le remords ne s'en fait pas moins sentir ; ils sont vraiment à plaindre, car il en est un grand nombre qui font malgré eux cause commune avec les ennemis de Dieu et du Roi. Quel avantage immense ne résulterait-il pas pour l'état, si on avait le bonheur de les réconcilier avec eux-mêmes, avec la religion ! Ah ! ils sentiraient alors celui de s'attacher à jamais à l'autorité légitime. Les motifs de la séparation en anciens et en nouveaux propriétaires subsisteront encore pendant cent ans ; le sentiment de l'injustice fait le tourment journalier de celui qui en a profité. La victime peut obtenir de Dieu la grâce de pardonner, et doit la demander ; mais la faculté d'oublier l'existence qu'on a eue, la fortune dont on a joui, n'est pas dans la nature ; le sentiment du malheur doit donc se perpétuer dans les générations successives des victimes de la révolution, et entretiendra toujours un principe d'agitation.

Il en existe un autre qui tire sa source d'un principe bien différent. Personne ne s'élève plus fortement contre la vente des biens nationaux que les habitants des campagnes, qui n'ont rien acquis. La jalousie en est le principe chez un certain nombre d'individus; mais d'autres motifs frappent encore davantage la multitude ; le mépris pour la conduite de beaucoup de nouveaux riches, le souvenir de ce qu'ils ont été, du prix de la chose, des moyens employés pour l'acquérir, tout aide à former une opinion très-prononcée contre eux. Il y a dans l'homme, qui n'est pas entièrement perverti, une certaine horreur pour la spoliation, et la misère des anciens possesseurs inspire aussi pour eux un véritable intérêt. Je crois devoir livrer mes réflexions à la méditation des députés et des ministres; j'ajouterai que l'illégitimité des acquisitions entretient singulièrement l'impiété, cause profonde de la continuation des révolutions.

Effet de la terreur sur le caractère national.

Il faut compter, au nombre des causes qui font si mal juger de l'état moral de la France, cette longue et funeste action de la terreur, qui semble avoir paralysé le jugement, et donné une teinte sombre à toutes les pensées. La meilleure compagnie, en colportant les nouvelles des alarmistes, y a contribué, et a parfaitement servi la faction jacobine. L'exagération se remarquait en tout, excepté dans l'espérance; et la force apparente du parti révolutionnaire fait encore la même illusion à l'imagination que l'ombre d'un corps le fait à l'œil. On voit tout avec le prisme de la peur; les honnêtes gens de toutes les classes, sans exception, accoutumés à craindre la trahison, commencent cependant à s'entendre; mais jusqu'à ce jour tout contribuait à donner au parti le plus fort l'apparence de l'infériorité, même de la faiblesse; je ne vois plus de causes réelles qui puissent justifier la moindre alarme.

L'armée, dont on a craint l'esprit de révolte, est séparée; le soldat isolé, rentré dans le sein de sa famille, n'est plus à craindre; les sentiments qui l'y attachent n'ont pas perdu leur empire; il ne servira pas la vengeance de quelque ambitieux subalterne; d'ailleurs, le gouvernement est fort; une nouvelle armée s'organise, la garde royale sera excellente, et lorsque la force armée sera commandée par des officiers dévoués au Roi, une ville de trente mille âmes sera contenue par cinq cents hommes. Les puissances étrangères donneraient encore au Roi toutes leurs forces, s'il en avait besoin; et l'homme qui s'est fait un si grand nom en sauvant la France des fureurs du tyran, serait encore notre égide : la paix est assurée, et la tranquillité de la France n'est plus un problème à résoudre. On a craint un moment la guerre civile : cette crainte était sans fondement; l'unité dans le ministère, les talents et la force de caractère des ministres des affaires étrangères, de la guerre et de l'intérieur, doivent rassurer; les conspirateurs s'agitent encore inutilement; ils ont l'impudeur de se vanter de l'espoir de réussir à fomenter la division dans la chambre des députés, pour entretenir l'anarchie qui les dévorera.

Ils doivent connaître l'impossibilité de s'emparer du pouvoir; et l'expérience des factions qui ont été successivement victimes de leurs propres fureurs, est propre à les éclairer sur le danger de leurs efforts. La conservation de leurs fortunes souvent mal acquises dépend de l'affermissement du pouvoir légitime; car si l'anarchie pouvait renaître, le peuple se porterait de préférence avec fureur sur ceux qui l'ont si cruellement méprisé et maltraité.

Il y a depuis la réunion des chambres une force morale qui acquiert chaque jour plus de consistance, et il y a trente ans d'intervalle entre l'esprit public de dix-huit cent quatorze et celui de dix-huit cent quinze.

On n'a rien à craindre non plus des factieux les plus remarquables, quelles que soient leurs places et leurs dignités, le Roi leur a fait grâce, le public les connaît et les souffre par respect pour son souverain; mais il les surveille, et toute espèce d'opposition à l'autorité royale qui ne veut que le bonheur des Français, serait vaine. Le règne de l'infamie triomphante est passé, et la crainte d'une réaction n'a plus de partisans ; il faut que ceux de Buonaparte se prononcent franchement contre les conspirateurs, si contre toute apparence ils osaient encore faire quelque tentative ; car une conduite équivoque les livrerait au soupçon de connivence, et nécessairement à une surveillance honteuse. Ils n'auront pas l'audace de conspirer contre celui qui leur a pardonné; l'opposition qu'ils pourraient mettre aux mesures importantes que le Roi croirait pouvoir adopter, ne serait point justifiée par la crainte mise en avant de voir quelque atteinte portée à la liberté. Ils savent parfaitement que le Roi la désire, et veut la donner à ses sujets ; mais il n'est pas le protecteur de la licence la plus effrénée ; c'est l'ordre qu'il veut rétablir, c'est la vertu si long-temps exilée qu'il veut voir refleurir ; c'est la religion qu'il veut faire respecter, et c'est cette sainte religion qui a protégé jusqu'ici la vie des ennemis du trône et de la France, et qui leur a laissé des jours de grâce pour éviter la punition qu'ils ont méritée.

La soumission servile des Français pendant le règne de Buonaparte a porté une telle atteinte à leur réputation que je me crois obligé d'émettre les raisons qui en ont été les véritables causes ; on verra qu'elles auraient produit le même effet sur tous les peuples, et que les Français n'ont pas mérité d'être jugés aussi sévèrement. Dix ans de secousses révolutionnaires ont amené quinze années de despotisme ; l'Europe fut conquise ; mais les armées de l'Attila du dix-huitième siècle auraient échoué dans leurs tentatives, si les ouvrages de nos philosophes modernes, et la propagande active de nos plus fameux révolutionnaires, dans toute l'Europe, n'eussent préparé les moyens de succès. Les conquêtes plus rapides qu'étonnantes de l'usurpateur, et l'admiration des étrangers pour nos systèmes révolutionnaires, ont concouru puissamment à l'aveuglement de la majorité des Français ; elles n'ont pas été une des moindres causes de l'inertie des habitants de la France et du défaut de résistance à l'oppression pendant la durée de quinze ans de despotisme : mille autre causes y ont concouru ; il y avait unité dans la marche du Gouvernement ; Paris en était le centre ; l'armée, les ministères divers, la gendarmerie, la police, la justice, les préfectures, etc., etc., étaient confiés aux agents révolutionnaires, très-soumis aux volontés du despote ; il avait organisé un ministère des cultes pour rendre nul le zèle des apôtres, pour porter l'effroi dans l'âme des vrais fidèles, et avec le secours de toutes les sectes ennemies du christianisme, exciter une fermentation utile à ses desseins. Jamais conjuration ne fut mieux ourdie ; la surveillance était très-active, la défiance était à l'ordre du jour, l'espoir du retour de la maison de Bourbon était regardé comme une chimère : ce retour était d'autant moins probable que l'Angleterre était la seule puissance qui n'eût pas reconnu l'usurpateur. Les classes électrisées par l'ambition, l'orgueil, la vanité, et alimentées par l'espoir de satisfaire leur cupidité, servaient d'auxiliaires à la puissance usurpatrice ; les enfants enlevés à leurs parents, placés dans les écoles de Buonaparte, élevés dans l'exaltation d'une fausse gloire, étaient les ennemis les plus acharnés de leurs propres parents ; la tendresse aveugle des mères désolées qui croyaient devoir chercher un appui dans le crédit des bourreaux de leurs propres enfants, doit encore être comptée au nombre des causes qui produisaient un grand affaissement moral. Le défaut de fortune rendait les sacrifices d'argent presqu'impossibles ; le contact perpétuel et forcé avec les gens en place les plus corrompus, l'illusion des gens bien pensants qui s'y étaient associés, l'indignation concentrée étant sans action pour inspirer l'horreur du crime et de la bassesse, étaient autant de causes de découragement. On est forcé de convenir qu'il est des situations ou l'homme le plus courageux n'a pas le droit de mépriser celui qui s'est courbé sous le joug de la servitude. Il y a des faits que la postérité refusera de croire. — Trente millions d'hommes supportant avec une patience sans exemple la tyrannie d'un usurpateur lâche et féroce ; l'ingratitude la plus monstrueuse récompensée par les dons de la fortune, par des honneurs, enfin l'espoir des conjurés qui ne croyent pas à la fin de leur règne, et qui voudraient forcer leurs victimes à s'écarter de la ligne des principes auxquels ils doivent la prolongation d'une vie souillée de crimes.

Ces temps de désolation sont passés, et le caractère national doit reprendre son essor ; la ligue des bons Français se forme. On se rappèle les temps où vingt jacobins faisaient trembler une ville entière en soulevant la lie du peuple ; il ne faut rien négliger dans cette circonstance pour une défense légitime ; il faut que dans toute la France la voix des rejettons impurs de la horde révolutionnaire soit étouffée par les cris de vive le Roi! Le signe le plus marquant de l'opinion générale, n'est-il pas cette nomination des députés faite par la France entière et même par les électeurs de Buonaparte? Ce n'est pas seulement nos bras qu'il faut offrir au Roi, c'est nos fortunes : la France ne peut retrouver son ancienne prospérité qu'avec le secours volontaire de la majorité des Français; il est à désirer que tous ceux qui ont, soit en fonds, soit en places, etc., (1) au dessus de trois mille livres de rentes, fassent le sacrifice du vingtième, trentième ou du quarantième de leur revenu pendant quatre ans, et en fassent l'offre au Roi; un registre serait ouvert dans toutes les communes de la France, et la soumission s'en ferait à la mairie; cet acte de générosité nationale ferait le plus grand honneur à la France, donnerait au Roi les moyens

---

(1) Ceux qui sont privilégiés des dons de la fortune, même de l'aisance, doivent diminuer le malheur de ceux qui n'ont rien; et dans cette classe on verra même la veuve, l'orphelin, le journalier, apporter son offrande au roi.

de faire face aux besoins de l'état, de venir au secours des plus malheureux ; elle aiderait la nation française à reprendre dans l'opinion de l'Europe le rang distingué qu'elle a toujours eu.

L'immense majorité des Français attachés au Roi et à la monarchie, ne laisse plus aucun doute sur la nature de l'opinion publique. Le mépris dont elle flétrit les partisans de la révolution est très-prononcé ; elle se caractérise surtout parfaitement lorsque les circonstances amènent le souvenir de plusieurs individus couverts de crimes ; le mécontentement qu'excite l'insolence de la race révolutionnaire ; l'indignation qu'inspire leur audace apparente est fortement exprimée même dans les dernières classes. Celle des honnêtes gens qui désirent l'ordre et la tranquillité, se recrute naturellement de tout ce qui n'a été qu'égaré ; et quoique la religion n'ait plus le même empire sur les cœurs, parce que la perversité triomphante a toujours été protégée, il n'en est pas moins vrai que le sentiment du juste et la répulsion pour ce qui ne l'est pas, cette haine naturelle pour les auteurs de tant de maux, ce besoin de repos après tant de secousses réitérées, existent dans tous les cœurs, et attireront sur le Gouvernement qui y mettra un terme des bénédictions sans nombre. L'exercice de la justice ramènera cette espérance du bonheur, qui rendra possibles tous les sacrifices. C'est la dernière lutte contre les agents de la révolte et les membres du Gouvernement chargés de sauver la royauté et le royaume, le Roi et les sujets ; c'est la dernière entre le vice et la vertu, entre les sujets fidèles et les révoltés ; la lutte des premiers n'a pas même le mérite d'un grand courage ; la disproportion entre les combattants est trop grande ; la conduite de la chambre des députés, leur zèle, leurs lumières, établissent l'espoir le plus fondé à la restauration de la France ; leur marche sera toujours ferme et sage, et accompagnée de cette dignité qui appartient à leur caractère ; on attend tout du concours de la chambre des pairs, reconnaissants envers le Roi de la dignité transmissible à leurs enfants ; d'ailleurs ils sont les appuis existants du trône, lorsque les princes veulent prendre rang parmi les simples sujets, et donnent au monde l'exemple de la soumission aux désirs d'un frère chéri, lorsqu'ils donnent celui des sacrifices de tout genre, et qu'ils les font avec cette grâce qui en relève l'héroïsme, et par l'effet d'un grand amour pour le bien public, n'acquièrent-ils pas encore un droit de plus à notre respect et à notre amour, et leurs observations dans les séances ne doivent-elles pas être écoutées avec un profond respect? Ils replanteront l'étendard de l'honneur que les Français se sont toujours fait gloire de suivre.

Le travail des chambres pour la régénération de la France est immense.

La catastrophe du 20 mars appèle leur attention sur la punition des coupables; sur les sociétés secrètes qui ont favorisé le retour du tyran, sur les rassemblements des révolutionnaires.

Il manque deux articles au Code criminel: 1° une punition particulière pour le parjure, et le prononcé d'incapacité à occuper aucune place; 2° une punition plus sévère pour les membres de la gendarmerie chargés de la sûreté publique.

La conduite des autorités qui devaient faire faire le désarmement, demande un examen.

La cumulation des places doit être défendue.

La conduite des administrateurs, depuis le 31 mars 1814, et surtout des employés des ministères, me paraîtrait essentielle à examiner. Les députés jugeront dans leur sagesse si un noviciat de repentir ne doit pas être exigé de tous ceux qui ont manqué de fidélité au souverain, avant de leur accorder une place.

Il est réservé à la chambre des députés, si bien composée, de faire disparaître cet instrument fatal qui a frappé tant d'innocents, et qui nous rappèle le souvenir douloureux du plus grand de tous nos malheurs. Si le génie révolutionnaire n'avait pas calculé l'avantage affreux de la promptitude du supplice, s'il n'avait pas réfléchi qu'il avait aussi celui de ne laisser aucunes traces, et qu'il n'était pas considéré comme emportant le déshonneur, le règne de Robespierre n'eût pas duré un mois.

La voix publique demande que l'exécution de la loi qui vient d'être rendue soit prompte, parce que la tranquillité de trente mille individus, peut-être de quatre cent mille, dépend de l'éloignement de quatre ou six individus. Je forme hautement des voeux pour la révision du jury de Nancy dans l'affaire du maire de Fléville et consorts, dans celle des frères Poirot de Valcour, etc. Les scandales se sont accumulés ; une femme, entendue en témoignage contre les accusés, a été maltraitée dans la soirée par les révolutionnaires.

Les récusations méditées ont prouvé qu'avant l'audience l'opinion des jurés était fixée et connue dans la chambre de leurs délibérations; à peine y restèrent-ils l'instant nécessaire pour les transcrire; la composition de l'auditoire était telle que des applaudissements indécents et défendus ont retenti dans la salle au moment du prononcé; les défenseurs se sont oubliés au point de blesser nos fidèles alliés, nos amis.

Le ministre de la justice croira sûrement de son devoir de se faire rendre compte de cette affaire; et si elle n'est point rappelée, le ministre de la police devra s'en occuper, et examiner la conduite d'autres factieux qui déshonorent un département dévoué au roi.

Des encouragements doivent être accordés aux classes secondaires et même aux dernières de la société qui ont produit des exemples du plus grand dévoûment et de la plus grande élévation d'âme. Tous ces objets n'échapperont pas à la sagacité de nos représentants : le respect pour la religion et ses ministres, et les moyens de leur assurer une existence indépendante, sont sûrement l'objet de leur méditation; l'éducation publique, si essentielle pour former de vrais citoyens, fait désirer vivement le rétablissement des corps religieux pour l'enseignement public, ainsi que celui des frères de la doctrine chrétienne, et la réforme des lycées en serait la suite. L'avilissement des décorations dont sont revêtus les gens les plus méprisables, afflige. On demande le déplacement des factieux incorrigibles, parce que les mille malheurs qui nous accablent sont leur ouvrage; ils ont conjuré, ils conjurent encore contre le roi et ses fidèles sujets; la justice, le bon sens, la raison, défendent d'employer de tels ennemis. On désire généralement la conservation de cette jeunesse brillante et dévouée au roi, connue sous le nom de mousquetaires; on peut en former un corps qui ferait partie de la garde royale: le trône ne peut être mieux entouré que par eux.

Aucun objet n'échappera à la méditation et aux lumières de nos représentants.

J'ai cherché à rendre un hommage à ma patrie, et à ramener la généralité des hommes à une opinion plus vraie sur l'état moral de la France. On pourrait accuser les Français d'une insouciance sur son état présent. Cette foule de demandeurs uniquement occupés de leur objet, ressemble à une multitude d'individus rassemblés autour d'une vaste maison qui croule ; ils vont chercher des papiers, des meubles, au lieu d'apporter des pierres pour consolider les fondations. Les sollicitations particulières n'empêchent pas le concours de chaque individu pour opérer la régénération de la France.

Ce ne sont ni les phrases, ni les calculs, ni l'éloquence, ni l'esprit, ni le génie même, qui peuvent sauver la France ; c'est l'union des gens honnêtes, c'est le retour du règne de la justice, c'est la conviction que les sacrifices sont également commandés par l'honneur national et l'intérêt particulier, c'est le courage persévérant à éclairer les chambres et le ministère, à poursuivre les agents du mal, les perturbateurs du repos public, jusque dans les antres les plus secrets ; mais il faut y mettre la sagesse et la modération qui prouve l'absence de tout esprit de parti.

L'égoïsme, l'insouciance, la légèreté nous ont déconsidérés ; faisons voir l'injustice de ce prononcé. J'appèle tout individu qui a une fortune quelconque à fournir les fonds pour payer l'étranger, pour donner au roi le seul bonheur dont il puisse jouir, et auquel nous pouvons contribuer; c'est un appel au bonheur de chacun; tout individu qui le pourra, et qui s'y refusera, donnera son signalement.

Il ne s'agit pas de s'affliger, de raisonner sur le déficit des finances; il faut venir au secours de l'état. Pourquoi l'Angleterre est-elle si puissante? Pourquoi fait-elle, dans toutes les circonstances, des sacrifices extraordinaires? Parce què l'intérêt est commun; les sacrifices se font par tout et spontanément: voilà ce qui honore la nation anglaise. Nous sommes Français, ayons le même orgueil, sortons de cette léthargie honteuse; ne permettons pas qu'on nous accuse sans cesse de légèreté, même dans la manière de voir les grands intérêts de l'état; ne nous laissons pas influencer par la crainte qui déshonore, ne nous livrons pas aux murmures, triste ressource des gens sans caractère.

J'appèle tous les Français à reconnaître le besoin, la nécessité de la religion, parce que, par la même raison que c'est dans la morale qu'on trouve le principe de toutes les lois, comme le célèbre Domat l'a bien établi, il est aussi démontré que l'ordre et la paix ne règneront parmi tous les hommes que lors qu'elle sera respectée. Méritons par notre conduite que les peuples oublient les torts, les ravages de la grande nation, expression misérable, inventée par un valet du despote pour exalter l'orgueil des esclaves, et nous attirer le mépris des autres nations. Redevenons un grand peuple, et acquérons par notre retour sincère aux grandes vérités, par la condamnation de nos folies, de nos erreurs, par le repentir de nos crimes, cette estime générale de l'Europe, qui cimentera la force que nous donneront de grandes vertus. Cessons d'être victimes, nous le sommes depuis trop long-temps, de l'union d'une faction frénétique, que le public désigne par le nom de *frères et amis*; soyons unis contre leurs efforts, et formons partout des phalanges pour terrasser ces ennemis du genre humain. Le vieillard même trouvera des forces pour les combattre.

L'ordre se rétablira lorsque les factieux seront punis, à Paris et dans tous les chefs-lieux de départements. Et pourquoi des ménagements aussi incroyables pour ceux qui rampaient aux pieds de Buonaparte, et dont l'audace et l'insolence ne se manifestent que contre la majesté royale, contre l'autorité légitime? Oui, l'ordre se rétablira lorsque les fils de la trame jacobine seront rompus, la fermeté à l'ordre du jour, les apostats semés dans les campagnes forcés à la retraite, les procureurs généraux bien choisis, les commandants des divisions et les préfets capables et dévoués au roi, les honnêtes gens encouragés, les perturbateurs châtiés dans la minute : alors on verra que cette France, malheureusement citée comme gangrenée et sans ressource, renaîtra et redeviendra ce qu'elle a été.

FIN.

DU SALUT DE LA FRANCE.

Se trouve,

Chez DESAUGES, libraire, au coin de la rue Saint-Benoît, rue Jacob;

Chez DELAUNAY et PELICIER, libraires, au Palais-Royal;

Et chez tous les marchands de Nouveautés.

DU SALUT DE LA FRANCE,

PAR UN ANCIEN OFFICIER DE LA MAISON DU ROI.

A PARIS,

DE L'IMPRIMERIE DE C.-F. PATRIS,

RUE DE LA COLOMBE, N° 4.

7 Novembre 1815.

www.ingramcontent.com/pod-product-compliance
Ingram Content Group UK Ltd.
Pitfield, Milton Keynes, MK11 3LW, UK
UKHW031921260826
14628UKWH00003B/1325

9 782012 860339